브뤼기에르 주교
바로 살기

브뤼기에르 주교
바로 살기

교회 인가 | 2024년 7월 1일
1판 1쇄 | 2024년 8월 15일

글쓴이 | 생활성서사
펴낸이 | 김사비나
펴낸곳 | 생활성서사
편집인 | 윤혜원 **디자인 자문** | 이창우, 최종태, 황순선
편집장 | 박효주 **편집** | 안광혁, 김병수, 이광형
디자인 | 강지원, 명희경 **제작** | 유재숙 **마케팅** | 노경신 **온라인 홍보** | 박수연
등 록 | 제78호 (1983. 4. 13.)
주 소 | 서울특별시 강북구 덕릉로42길 57-4
편 집 | 02)945-5984
영 업 | 02)945-5987
팩 스 | 02)945-5988
온라인 | 신한은행 980-03-000121 재) 까리따스수녀회 생활성서사
인터넷 서점 | **www.biblelife.co.kr**
가톨릭 교회의 모든 도서는 '생활성서사' 인터넷 서점에서 만나실 수 있습니다.

ISBN 978-89-8481-675-6 04230
책값은 뒤표지에 있습니다.

© 생활성서사, 2024.
성경 © 한국천주교중앙협의회, 2024.
『한국천주교회사 2』 © 한국교회사연구소, 2010.
『브뤼기에르 주교 여행기』 © 한국교회사연구소, 2008.
『브뤼기에르 주교 서한집』 © 정양모, 윤종국 옮김, 가톨릭출판사, 2007.

이 책은 저작권법에 의해 보호를 받는 저작물이므로 무단 복제를 금합니다.

"제가 하겠습니다"

브뤼기에르 주교 바로 살기

글쓴이 생활성서사

교구장 주교님들의 추천의 말씀

 살면서 어려움에 처할 때가 있습니다. 누군가에게 도움을 요청해도 묵묵부답이면 절망에 빠지기도 하지요. 하지만 누군가 흔쾌히 요청을 들어주면 우리는 희망을 느끼기도 합니다. 불과 200년 전 조선이라는 나라가 그러했습니다. 모진 박해 속에서 하느님, 예수님의 가르침을 목말라하던 조선의 신자들에게 '사제'는 정말 필요한 존재였습니다. 초대 대목구장 또한 조선의 교회가 중국 교회에서 독립하여 독자적인 교회로 서기 위해 정말 필요한 존재였습니다. 박해의 시기 조선에 초대 대목구장으로 간다는 사실은 목숨을 내놓는 순교의 길에 들어섬을 뜻하는 것이었습니다. 이때 브뤼기에르 주교님은 "제가 가겠습니다."라는 말과 함께 요청에 응답합니다. 비록 조선에 입국하지 못한 채 돌아가셨지만 그 응답은 조선의 신자들에게, 한국 천주교에 희망을 주었습니다. 희망의 메시지를 전한 의로운 사람의 이야기를 담은 책, 『브뤼기에르 주교 바로 알기』와 『브뤼기에르 주교 바로 살기』 속으로 떠나 보시기 바랍니다.

- 서울 대교구장 **정순택** 대주교

우리 교회는 앞서간 신앙 선조들이 물려주신 열매를 먹고 자랐습니다. 특히 이 땅에 뿌려진 믿음의 씨앗에 거름이 되었던 브뤼기에르 주교님의 삶은 우리에게 큰 감동으로 다가옵니다. 『브뤼기에르 주교 바로 알기』와 『브뤼기에르 주교 바로 살기』를 통해 우리 믿음의 뿌리를 알아보고 오늘 나의 신앙을 점검하는 기회가 되었으면 좋겠습니다.

- 대구 대교구장 **조환길** 대주교

조선 초대 대목구장 브뤼기에르 주교님의 일생을 다룬 책이 세상에 소개됨을 매우 기쁘게 생각합니다. 우리에게 다소 생소한 이름인 브뤼기에르 주교님은 교황청에 조선의 현실을 알려 정식으로 교구가 설정될 수 있도록 힘써 주셨으며, 초대 대목구장으로 임명되어 조선으로 입국하기 위해 중국 대륙을 종단하시던 중, 조선의 국경을 목전에 두고 하느님 곁으로 떠나셨습니다.

교회는 신앙을 지키기 위해 목숨을 바친 이를 순교자라고 합니다. 브뤼기에르 주교님의 삶 또한 어떤 의미에서는 순교를 위한 삶이었다고 할 수 있습니다. 신앙을 전하기 위해 목숨을 걸고, 유럽에서 동남아시아로 그리고 중국을 가로질러 조선으로 떠나신 주교님의 웅대한 여정을 다룬『브뤼기에르 주교 바로 알기』와 그분의 삶을 신앙으로 살아 내는『브뤼기에르 주교 바로 살기』가 여러분들의 마음에 신앙의 위대함을 전해 줄 것입니다.

- 광주 대교구장 **옥현진** 대주교

"제가 조선에 가겠습니다." 길 잃은 양들을 위해 멀리서 달려오는 목자가 있습니다. 초대 조선 교구장 브뤼기에르 주교님입니다.

당시 조선 교회는 매우 어려운 상황에 놓여 있었습니다. 정부의 박해로 많은 신자들과 최초의 외국인 사제인 주문모 신부가 순교하였고, 이러한 상황에서 신자들은 정부의 감시를 피해 산으로 동굴로 숨었으며, 성사 활동은 엄두도 낼 수 없는 상황이었습니다. 외국에서도 대규모 박해가 자행되던 조선에 섣불리 사제를 파견하지 못합니다. 그러나 브뤼기에르 주교님은 '사제를 원하는 곳에 사제가 가야 한다.'라는 신념하에 반대를 무릅쓰고 힘들고 머나먼 여정에 몸을 싣습니다. 그분은 무더운 날씨와 험한 산길 등의 악조건을 이겨 내며 조선의 문 앞까지 왔지만 안타깝게도 조선에 입국하기 전 선종하십니다.

『브뤼기에르 주교 바로 알기』와 『브뤼기에르 주교 바로 살기』, 두 책에는 브뤼기에르 주교님의 이러한 선교 여정이 자세히 설명되어 있습니다. 이 책을 읽으며 우리를 위해 누구보다 먼저 발 벗고 나선 브뤼기에르 주교님의 발자취를 우리도 함께 따라가 보면 어떨까 제안합니다.

- 안동 교구장 **권혁주** 주교

『브뤼기에르 주교 바로 알기』와 『브뤼기에르 주교 바로 살기』가 출간되어 기쁩니다. 브뤼기에르 주교님은 우리 교회가 세계 교회의 일원이 되도록 몸을 바쳐 다리 역할을 자처하셨습니다. 이 두 권의 책이 우리가 물려받은 신앙의 유산을 소중히 간직하고 각자의 삶 안에서 풍요로운 신앙의 결실을 맺는 데 큰 도움을 주리라 믿으며 기쁜 마음으로 추천합니다.

- 전주 교구장 **김선태** 주교

우리 한국 천주교회는 선조들이 물려주신 위대한 '순교 신앙'에 뿌리내린 자랑스러운 교회입니다. 하지만 세상의 변

화와 시대의 어려움에, 풍랑 속의 제자들처럼 두려움에 휩싸이곤 합니다. 이런 위기의 시대에 하느님 사랑과 선교에 대한 열정으로 기꺼이 조선 선교를 받아들여 모든 노력을 다 했지만, 손에 잡힐 듯한 그 땅에 발을 내딛지 못하고, 그 땅과 백성을 바라보며 기도하다 안타깝게 눈 감으셨던 하느님의 종 브뤼기에르 주교님의 사랑과 신앙을 만나는 것은 감사와 기쁨이라 생각합니다. 우리도 그렇게 하늘 나라를 바라보며, 희망하며,『브뤼기에르 주교 바로 알기』와『브뤼기에르 주교 바로 살기』를 통해 흔들리지 않는 신앙의 초석을 놓으면 좋겠습니다.

- 청주 교구장 **김종강** 주교

자비로우신 하느님은 200년 전 곤경에 처한 조선 교회를 굽어보셨습니다. 1801년의 신유박해로 처참히 무너진 교회의 재건을 위해 몇몇 신자들이 교황님에게 성직자 파견을 청원하는 편지를 보냈습니다. 하지만 아무도 위험천만한 조선

교회에 오려고 하지 않았습니다. 그때 "제가 가겠습니다."라고 하면서 나선 분이 바로 브뤼기에르 주교님입니다. 하느님께서 조선 교회 신자들의 간절한 청원에 응답하시어 주교님의 마음을 움직여 주신 것입니다. 비록 주교님은 조선에 입국하지 못한 채 돌아가셨지만, 그분의 희생에 감동한 다른 선교사들이 조선 선교를 자원하게 됩니다. 조선 교회를 위해 한 알의 밀알이 되신 브뤼기에르 주교님이 책을 통해 우리를 만나러 오십니다. 그분을 반갑게 맞이하면 좋겠습니다.

- 의정부 교구장 **손희송** 주교

브뤼기에르 주교님에 관한 귀한 책이 발간되었습니다. 기쁜 일입니다. 1801년 일어난 신유박해로 주문모 신부님도 순교하시고 한때 만 명을 헤아렸던 조선 교회는 지하로 숨어들었습니다. 힘겹게 신앙생활을 하던 조선 교우들은 성직자를 청하는 편지를 교황청에 보냈습니다. 소식을 접한 브뤼기에르 신부님은 선교를 자청하십니다. 모두가 불가능하게 여겼고 파리외방전교회도 난색을 표할 때 우리나라 선교를 자원하셨습니다.

주교님은 1831년 9월 9일 조선 대목구 초대 교구장으로 임명되셨습니다. 하지만 조선 입국은 쉽지 않았습니다. 마카오와 남경을 거쳐 하북 서만자 교우촌에서 해를 넘기고 이듬해 내몽골의 적봉시 마가자 교우촌까지 오셨지만 그곳에서 선종하셨습니다.

조선에 입국한 모방 신부님은 김대건 최양업 최방제 세 소년을 마카오 신학교에 보냈습니다. 주교님이 오셨던 길을 거꾸로 가는 여행이었을 겁니다. 모방 신부님은 브뤼기에르 주교님의 장례 미사를 집전하며 주교님을 묘지에 모셨던 분이십니다. 아마도 세 소년은 모방 신부님의 명을 받고 마가자의 주교님 무덤 앞에서 기도한 뒤 떠났을지도 모릅니다.

『브뤼기에르 주교 바로 알기』, 『브뤼기에르 주교 바로 살기』 두 책을 여러분께 추천합니다. 16살 소년이었던 김대건 신부님과 최양업 신부님 그리고 외국 신학교에서 공부하다 선종하신 최방제 신학생의 마음으로 읽어 주셨으면 합니다.

- 마산 교구장 서리 **신은근** 신부

    브뤼기에르 주교님은 우리 교회와 세계 교회를 이어 주는 가교의 역할을 맡으시어 자신의 한 몸을 모두 바치셨습니다. 그렇게 이 땅에 뿌려진 믿음의 씨앗에 거름이 되었던 브뤼기에르 주교님의 삶은 우리에게 큰 감동으로 다가옵니다.『브뤼기에르 주교 바로 알기』와『브뤼기에르 주교 바로 살기』가 선조들의 신앙 유산을 우리의 삶에서 풍요로운 신앙의 열매로 맺게 하는 데 큰 도움이 되리라 믿습니다. 아울러 이 두 권의 책을 통해 우리 믿음의 뿌리를 알게 되고, 오늘 나의 신앙을 점검하는 기회가 마련되리라 기대하며 기쁜 마음으로 이 책을 추천합니다.

- 수원 교구장 **이용훈** 주교

    조선 초대 대목구장이셨던 브뤼기에르 주교님. 부끄럽게

도 저는 한국 교회사를 배우고 책을 읽었으면서도 이분에 대한 관심과 지식이 거의 없었습니다.

그러다가 우연한 기회에 한국 천주교회사와 순교사를 새로 공부하면서 여러 책과 자료를 보았습니다. 그러던 중 월간 「생활성서」 2010년 6월호에 한수산 작가님이 쓰신 '조선으로 향하던 꿈은 꿈으로 남고'라는 글을 읽고 감동을 넘어 충격을 받았습니다. '이런 분이 계셨구나'.

그 이후로 저는 브뤼기에르 주교님에 관한 책과 자료를 모으고 열심히 읽었습니다. 그리고 몇몇 곳에서 교구 사제들에게 주교님에 대한 강의도 했습니다. 저는 '브뤼기에르 주교님은 지금 시복, 시성을 해도 아무런 문제가 없다.'라고 생각했습니다.

다행히 브뤼기에르 주교님에 대한 시복 운동이 전개되고 있고, 이번에 생활성서사에서 『브뤼기에르 주교 바로 알기』와 『브뤼기에르 주교 바로 살기』가 출간된다니 가슴이 뛸 만큼 기쁩니다.

더할 말이 없습니다. 모두들 꼭 읽어 보시기를 당부하고 추천합니다.

- 부산 교구장 **손삼석** 주교

역사 안에서 삶의 이정표를 제시한 분들의 이야기를 보고 들을 때마다, 늘 설렘과 함께 큰 감동이 다가옵니다. 특별히 이번에 출간되는 '하느님의 종' 브뤼기에르 주교님에 대한 책은 독자들에게 초기 한국 교회의 배경을 알려 줄 뿐 아니라, 밀알과 같은 선교사의 모습을 우리에게 신앙의 유산으로 건네줍니다. 오직 하느님의 뜻을 따랐으며, 철저히 예수님을 닮은 브뤼기에르 주교의 '네'의 여정은 이 시대 삶의 지혜를 다시금 깨닫게 합니다.

뜨거웠던 그분의 선교 열정이 오늘 우리 신앙을 비추는 행복한 삶의 큰 거울이 되길 바라 봅니다.

- 제주 교구장 **문창우** 주교

초대 조선 대목구장
'하느님의 종' 브뤼기에르 소蘇 주교

차례

교구장 주교님들의 추천의 말씀	**4**
이 책의 활용 방법	**18**
여는 글: 먼 데서 찾아온 벗	**22**

26주 주간별 묵상 주제

1주	열한 번째 아들	**26**
2주	카르카손, 첫 번째 부르심	**31**
3주	외방 전교, 두 번째 부르심	**35**
4주	마음속 생이별	**39**
5주	괘씸한 자식	**43**
6주	선교사 파견	**47**
7주	조선 교우들의 편지	**51**
8주	양심에 따른 순종	**56**
9주	돈 걱정	**61**
10주	일꾼 걱정	**66**
11주	가장 시급한 일	**70**
12주	사람이 할 수 없는 일	**75**

브뤼기에르 주교 바로 살기

13주	제가 하겠습니다	**79**
14주	평생 머무를 것처럼, 당장 떠날 것처럼	**84**
15주	초대 조선 대목구장	**88**
16주	동행	**93**
17주	오해와 겸손	**99**
18주	소 주교의 조선 교회사	**105**
19주	조선으로 가는 여정	**109**
20주	힘내자, 오늘은 죽지 말아야지	**115**
21주	직예 교우들의 외면	**120**
22주	재치권자의 방해	**124**
23주	짝사랑	**129**
24주	준비 완료	**134**
25주	하느님 섭리의 품	**139**
26주	120년 만의 입국	**143**

맺는 글: 앎을 삶으로, 브뤼기에르 주교 바로 살기 **148**

이 책의 활용 방법

이 책은 브뤼기에르 소蘇 주교의 삶과 주요 영성을 주제로 전체 26주(6개월) 동안 묵상하며 기도하도록 구성되었습니다. 이렇게 묵상 시간을 하루가 아닌 한 주 단위로 잡은 이유는 한 가지 주제를 여유롭게 되새기고 일상에서 충분히 실천해 나가도록 하기 위함입니다.

✣ 본격적인 묵상 기도에 들어가기 전에 성호경을 바치고 전례 시기에 알맞은 성가를 부르며 차분히 마음을 준비합니다.

✥ 먼저, 해당 주간의 '**주제**(제목)' 내용을 마음속에 새기며 읽습니다. 그리고 이 주제 내용을 한 주 동안 틈나는 대로 떠올리며 되새깁니다. 주제 내용은 브뤼기에르 주교의 탄생 및 유년 시절에서 선종 그리고 이장까지의 전 생애와 주요 영성 및 사상을 스물여섯 부분으로 나누어 정리해 구성했습니다.

✥ '**소 주교가 남긴 글**'은 주로 주제와 연관된 브뤼기에르 주교의 편지·여행 기록·관련 문헌 등으로, 해당 주제의 내용을 이해하고 심화하는 데 도움이 됩니다. 이를 통해 당시 브뤼기에르 주교가 처한 상황과 그의 생각, 영성 및 관련 인물들과의 관계를 이해할 수 있습니다.

✥ '*마음에 그려 보기*'는 주제와 연관된 장면을 마음속으로 그려 보면서 브뤼기에르 주교의 감정 또는 심상을 음미하는 과정입니다. 이를 통해 브뤼기에르 주교와 그 주변 인

물의 관계 및 상황을 구체적으로 만나 볼 수 있습니다.

✢ **'말씀 읽기'**에서는 주제와 연관된 성경 구절을 함께 묵상합니다. 해당 말씀을 소리 내어 읽고 귀 기울여 듣는 가운데 특별히 마음에 다가오는 단어나 구절에 잠시 머무릅니다. 해당 주제를 신구약 성경 말씀으로 이해함으로써 묵상이 더욱 풍요로워질 것입니다.

✢ **'주간 묵상'**에서는 이제까지 자신에게 전달된 여러 의미들을 모아 숙고하고 실천할 방도를 찾습니다. 그 의미들이 내 안에 자리를 잡고 가장 깊은 곳까지 스며들도록 고요한 가운데 기다립니다. 그리고 그 의미를 나의 삶과 연관 지어 봅니다.

✢ 마지막으로 나 자신이 해당 주제와 성경 말씀을 통해 하느님을 어떻게 체험했는지를 짧은 기도문으로 표현해 봅

니다. 이 기도는 찬양이 될 수 있고, 감사, 비탄, 통회의 기도가 될 수도 있습니다.

✢ 이 묵상 기도를 끝내면서 '**하느님의 종 브뤼기에르 초대 조선 교구장 시복 시성 기도문**'을 바치면 좋습니다. 그리고 성호경으로 마무리합니다.

| 일러두기 |

1. 이 책의 주요 표기 기준은 국립 국어원 표준 국어 대사전을 원칙으로 합니다. 다만, 교회사나 외래어의 경우 일반적으로 통용되는 표기를 따랐음을 밝힙니다.
2. 역사적인 사실 판단 기준은 2023년 12월 2일 열린 「'하느님의 종 바르톨로메오 브뤼기에르 소(蘇) 주교 시복 추진 제1차 심포지엄」의 내용을 따랐습니다.
3. '브뤼기에르 주교'와 '소 주교'를 혼용했습니다. '브뤼기에르'라는 이름이 다소 생소하고, '소 주교'로 부르면 더 친근한 느낌이 들기도 해서입니다. 하지만, 브뤼기에르 주교가 자신을 소 주교로 명명한 건 주교가 된 이후 중국에서의 일이므로, '소 신부'로는 표기하지 않았습니다. 또한 어린 시절에는 어린 시절의 이름과 가능한 한 비슷하게 들리도록 '바르텔레미'라는 이름을 쓰기도 했습니다.
4. 『브뤼기에르 주교 여행기』와 『브뤼기에르 주교 서한집』은 『여행기』와 『서한집』으로, 『한국천주교회사 2』는 『교회사 2』로 간략하게 표기했습니다. 『여행기』와 『교회사 2』는 한국교회사연구소 역본을, 『서한집』은 정양모, 윤종국 역본(가톨릭출판사)을 인용했고, 내용이 바뀌지 않는 범위에서 수정 인용한 부분도 있습니다.
5. 선교는 '종교를 선전하여 널리 폄'이라는 의미를 가지고 있어, 가능한 한 '도리를 세상에 널리 알림'이라는 의미를 지닌 '전교'라는 용어를 썼습니다. 하지만 '선교사'나 '선교지' 등의 단어는 그대로 사용했습니다.

여는 글

먼 데서 찾아온 벗

"벗이 있어 먼 데서 찾아오면 이 또한 기쁨이 아닌가![有朋自遠方來 不亦樂乎]". 1984년 5월 6일 103위 시성식 전, 요한 바오로 2세 교황의 내한사 첫머리에 대한민국은 감동의 도가니가 되었습니다. 천주교가 이 땅에 전래된 지 200년 만에 베드로의 후계자가 직접 찾아와 자신을 '먼 데서 찾아온 벗'이라고 한 것입니다.

만나야 할 사람을 찾아가는 데 거리는 문제가 되지 않는다는 뜻으로 '불원천리不遠千里'라는 말이 있습니다. 그 만남이 너무도 간절해서 천 리 길도 멀지 않게 느껴진다는 것이지요. '천 리'가 서울에서 해남 땅끝 마을까지의 거리쯤 된다 하니, 교통과 통신이 발달하지 않았던 때의 '천 리'는 사실 너무도 먼 거리였던 것이지요.

200여 년 전, 고향에서부터 치면 아마도 '천 리'의 수백 배일지도 모를 거리를 돌고 돌아서 우리 가까이에 왔으나 끝내 '(시련과 고통의 강물이 흐르는) 약속의 땅' 조선에 들어오지 못한 채 하느님 품으로 가신 바르톨로메오 브뤼기에르Barthélémy Bruguière 소蘇 주교(이하 소 주교). 소 주교는 조선 전교를 자원하고 그것이 허락되자, 많은 어려움과 고통과 위험을 무릅쓰고 조선으로 향했습니다.

1826년, 동아시아 선교의 첫 임지로 향하던 중에 머문 마카오에서 브뤼기에르 신부는 조선 교우들이 교황님에게 선교사를 요청하는 편지들을 보내온다는 소식을 듣고, 신앙생활을 해 나가기 어려운 상황임에도 그들을 돌볼 사제가 온 유럽에 한 사람도 없다는 사실을 안타까워했습니다.

이후 소 주교는 30여 년 동안 목자 없이 지낸 애처로운 조선 교우들 생각이 뇌리에서 떠나지 않았습니다. 그리고 교황청이 파리외방전교회에 조선 전교를 맡아 줄 수 있는지 묻는 공한을 본 후에는 조선에 자신을 보내 달라고 서슴없이 자원했습니다.

조선 대목구장으로 임명됨으로써 조선 전교의 소망이 허락되자 소 주교는 한 치의 망설임도 없이 조선으로 향했고, 생명이 다할 때까지 그 위험한 길을 헤치며 최선을 다해 우리에게 다가오셨습니다. 어떠한 어려움이 닥쳐도 단 한 번의 망설임도 없이 전진, 또 전진했습니다.

온갖 고초를 감내하며 마침내 조선 가까이에 이르렀지만, 안타깝게도 끝내 조선 땅에 발을 디디지 못한 채 하느님의 품으로 돌아가신 소 주교의 일생은 오늘의 우리에게도 큰 의미와 여운을 남깁니다.

예수님은 벗을 위해 자기 목숨을 바치는 것보다 더 큰 사랑은 없다고 하시면서 우리를 종이라 부르지 않고 벗이라 부르겠다고 하십니다. 우리는 놀랍게도 예수님의 벗이요 예수님의 친구들입니다.

"친구들을 위하여 목숨을 내놓는 것보다 더 큰 사랑은 없다. 내가 너희에게 명령하는 것을 실천하면 너희는 나의 친구가 된다. 나는 너희를 더 이상 종이라고 부르지 않는다. 종은 주인이 하는 일을 모르기 때문이다. 나는 너희를 친구라고 불렀다."(요한 15,13-15).

예수님은 '벗을 위해 목숨을 내놓는 것보다 더 큰 사랑이 없다.'라고 하시는데, 우리도 우리의 도움을 필요로 하는 그 누군가를 위해 목숨을 내놓을 각오를 할 수 있을까요? 불가능해 보이지만, 우리에게는 목숨 걸고 불원천리 우리를 찾아오신 바르톨로메오 브뤼기에르 소 주교와 그를 뒤따른 후임 선교사들, 요한 바오로 2세와 그 후임자들 그리고 이 땅의 많은 순교자들이 있습니다.

이제 매주 잠시 시간을 내어 성경 말씀과 더불어 소 주교의 말씀·삶·사상을 되새기며 한 주간을 살아가도록 우리 마음을 열고 우리 믿음의 심지에 불을 댕겨 봅시다.

| 1주 |

열한 번째 아들

  먼저, 어린 시절의 소 주교를 만나 봅시다. 소 주교는 프랑스 혁명의 소용돌이가 몰아치던 1792년 2월 12일 남프랑스 오드주 나르본 지방의 레삭 도드라는 마을에서 태어났습니다. 그는 아버지 프랑수아 브뤼기에르와 어머니 테레즈 푸르키 슬하의 열한 번째 아이로, 역사의 거친 파도 속에서도 따뜻한 가족의 품에서 자랐습니다.

  오드강과 오르비엥강 사이의 작은 마을인 레삭 도드는 주르천이 가로질러 물이 풍부했고, 큰 나무들이 우거져 아름다운 자연 경관을 이뤘습니다. 가끔 홍수가 나기도 했지만, 이로 인해 토양이 오히려 더 비옥해져 밀과 포도가 풍부하게 생산되었습니다. 특히 포도는 마을의 주요 작물이었습니다. 브뤼기에르 집안은 농지를 보유한 자작농이었습니다.

마을 한가운데에는 9세기에 지어진 로마네스크 양식의 작은 성당이 있었고, 성당 바로 옆에는 지금까지도 잘 보존된 소 주교의 생가가 자리 잡고 있습니다. 소 주교는 파리외방전교회로 떠날 때까지 바로 이 집에서 모든 휴가를 보냈습니다. 당시 레삭 도드 마을에는 56채의 집이 있었고, 약 280명의 주민이 살았습니다.

소년 바르텔레미(브뤼기에르 주교의 이름·세례명으로, 바르톨로메오의 프랑스식 이름)는 또래보다는 조금 왜소하고 약해 보였습니다. 금빛 머리·푸른 눈동자·조금 거무스름한 피부를 지닌 그는, 나이에 비해 총명하고 학구적이었습니다. 게다가 내면은 강한 열정으로 가득해서 작은 몸에 거대한 에너지를 품고 있는 듯한 인상을 주었습니다.

레삭 도드의 작은 성당 옆에서 신앙심을 키워 나가던 소

년 바르텔레미는 신앙생활에 깊이 몰두했고, 작은 고행과 기도로 삶을 단련했습니다. 마을 너머로 뻗은 끝없는 지평선을 바라보며 자란 소년 바르텔레미의 꿈은 이미 먼 미지의 세계로 향하고 있었는지 모릅니다.

소 주교가 남긴 글(『서한집』, 71쪽)

바르텔레미의 어머니는 막내둥이인 그를 야곱이 특별히 사랑했던 '열한 번째 아들' 요셉에 비유하며 각별한 사랑을 표현하곤 했습니다. 후에 그는 어머니에게 보낸 편지에서 '열한 번째 아들'의 의미를 영적으로 새롭게 합니다.

어머니께서 말씀하시듯이, 저는 어머니의 자녀들 가운데서 열한 번째, 가장 사랑받는 아들입니다. 저 바르텔레미에 대한 어머니의 각별한 사랑을 매우 자랑스럽게 여기지만, 제가 야곱 성조의 열한 번째 아들인 요셉을 온전히 닮았으면 좋겠습니다. 저의 신심이 야곱의 아들 요셉처럼 돈독했으면 좋겠습니다. 어머니께서 한평생 어느 날이고 기도하실 때마다 이런 지향으로 기도해 주시면 고맙겠습니다.

마음에 그려 보기

아버지의 사랑을 독차지해 으스대던 어린 요셉은 형들의 질투로 커다란 역경에 처하게 되지만, 그 역경을 딛고 온 세상이 존경할 만한 현인賢人으로 성장하게 됩니다. 온갖 역경 속에서도 하느님에 대한 믿음을 잃지 않았던 요셉을 닮고 싶었고, 부모에게서 받은 넘치는 사랑만큼이나 다른 이들의 구원을 위해 애쓰는 사람이 되고 싶었던 이 어린 소년이 품었을 꿈을 상상해 봅시다.

말씀 읽기(창세 39,2-5)

형제들의 배신, 이역만리에서의 노예살이, 모함과 억울한 옥살이 중에서도 요셉은 자신을 살펴 주시는 하느님의 섭리를 보았습니다.

그는 모든 일을 잘 이루는 사람이 되었다. 그는 자기 주인인 이집트 사람의 집에서 살았다. 그 주인은 주님께서 요셉과 함께 계시며, 그가 하는 일마다 주님께서 그의 손을 통해서 잘 이루어 주신다는 것을 알았다. … 주님께서는 요셉 때문에 그 이집트 사람의 집에 복을 내리셨다. 주님의 복이 집 안에 있는 것이든, 들에 있는 것이든 그의 모든 재산 위에 미쳤다.

주간 묵상

우리는 하나의 상태에 영원히 머물 수 없습니다. 기쁠 때가 있으면 슬플 때도 있고, 고난과 역경을 겪을 때도 있지만 행복과 희망의 시간이 오기도 합니다. 중요한 것은 그 모든 것들은 하느님의 섭리가 작용한 결과라는 것이며, 그 섭리를 깨닫는 것은 참신앙의 선물입니다. 기쁨과 슬픔의 순간을 나는 어떻게 받아들이고 있나요?

2주

카르카손, 첫 번째 부르심

레삭 도드는 신앙생활에 충실한 곳이었습니다. 나르본 등 인근 지역에 성덕이 뛰어난 이들의 모범이 있었고, 44킬로미터쯤 떨어진 오드주의 주도主都 카르카손 또한 가톨릭 신앙의 뿌리가 매우 깊은 곳이었습니다. 바르텔레미는 이러한 좋은 영향을 받으며 착실히 성장했습니다. 하느님의 부르심을 깨닫게 된 어느 날 바르텔레미는 어머니에게 "어머니, 아직 열 자녀가 남았으니 열한 번째인 저를 선하신 주님께 바치시면 됩니다!"라는 편지를 보냈습니다.

바르텔레미는 소신학교에 입학했고 카르카손 소신학생

시절, 그의 경건하고 헌신적인 태도는 교사들과 학생들에게 깊은 인상을 주었습니다. 이후 카르카손 대신학교에 진학한 그는 1814년에 차부제품을 받고 카르카손 소신학교의 교사가 되었으며, 1815년에는 사제품을 받았습니다. 1819년, 27세의 젊은 나이에 그는 카르카손 대신학교의 철학 교수 및 학과장이 되었고, 이어서 신학 교수가 되었습니다. 그는 사람들로부터 인정과 존경을 받았습니다.

소 주교가 남긴 글 (『서한집』, 99쪽)

브뤼기에르 신부는 1827년 페낭에서 자신이 철학과 신학을 가르쳤던 카르카손 대신학생들에게 편지를 씁니다. 그는 프랑스 사람들이 신앙을 전해 받았듯이 이교 백성에게도 복음을 전하는 봉사를 해야 한다고 일깨웁니다.

신학생 여러분, 숭고한 열망을 품으십시오 복음을 처음으로 전한 사도들의 발자취를 따라가겠다는 열정을 품으십시오 … 우리 조상들이 받았던 복음의 봉사를 가련한 이교 백성들에게도 베풀기 위해 떠나십시오. 갈리아 백성(프랑스인들의 조상)에게 복음을 전한 선교사들이 이러저러한 반대 여론에 휘말렸었다면 우리 프랑스인들은 지금도 불신의 어둠에 갇혀 있을 것입니다. 우리 자신의 기도와, 우리가 하느님의 도구가 되어 구원하려는 사람들의 기도를 합친다면, 우리는 하느님의 자비에 많은 희망을 걸 수 있고 또 걸어야 합니다.

마음에 그려 보기

카르카손 교구의 소신학생·대신학생·사제·교사·교수로서의 각 시기에 주어진 사명을 온전히 수행하며 성장해 가는 브뤼기에르 신부의 모습을 그려 봅시다.

말씀 읽기 (마르 1,17-20)

예수님은 제자들을 부르시며 '사람 낚는 어부'가 되라고 하십니다. 일생을 바꾸어야 하는 지난한 일임에도 복음서에서 제자들은 그 부르심에 즉시 따랐다고 합니다.

예수님께서 그들에게 이르셨다. "나를 따라오너라. 내가 너희를 사람 낚는 어부가 되게 하겠다." 그러자 그들은 곧바로 그물을 버리고 예수님을 따랐다. 예수님께서 조금 더 가시다가, 배에서 그물을 손질하는 제베대오의 아들 야고보와 그의 동생 요한을 보시고, 곧바로 그들을 부르셨다. 그러자 그들은 아버지 제베대오를 삯꾼들과 함께 배에 버려두고 그분을 따라나섰다.

주간 묵상

카르카손 교구 사제로의 부르심에 브뤼기에르 신부는 충실히 응답했습니다. 그는 성실하고 열정적으로 사제의 길을 걸었습니다. 나의 삶은 어떠한가요? 나는 내가 지금 하고 있는 일에서 하느님의 부르심을 발견할 수 있나요? 지난날을 돌아보며, 지금 자신에게 맡겨진 일들을 하느님의 부르심과 연결해서 묵상해 봅시다.

3주

외방 전교, 두 번째 부르심

10년 동안 카르카손 교구 사제로서의 소명에 충실했던 브뤼기에르 신부는 외방 전교를 향한 열망을 더 이상 억누를 수 없게 되자 파리외방전교회의 문을 두드립니다. 당시 외방 전교는 목숨을 내건 행위였고, 활동을 마친 후에도 고향으로 돌아온다는 건 상상하기 어려운 일이었습니다.

외방 전교에 뛰어들라는 부르심의 시초에 대해 소 주교는 자신의 『여행기』 벽두에 이렇게 밝힙니다. "조선 선교지에 대해 말하는 것을 들었을 때, 나는 아직 프랑스에 있었고 아주 젊은 나이였습니다. 이 가엾은 신입 교우들이 버림받은 상태에 있음을 알자, 이들을 구하러 가겠다는 강렬한 열망이 생겼습니다. 그러나 스스로 부족함을 느꼈고 …. 이 소망을 여러 해 동안 마음속에 간직하면서도 나는 그것을 진정한 소명의 표징이라기보다는 근거 없는 막연한 생각으로 여겼습니다."(『여행기』, 29쪽).

소 주교가 남긴 글(『서한집』, 68쪽)

브뤼기에르 신부는 강렬한 해외 전교 소명 체험을 하게 됩니다. 해외 전교로 향하는 마음을 오랫동안 억눌렀지만, 결국 그 강렬한 힘에 압도되었다고 그는 고백합니다. 이는 그가 받은 두 번째 부르심이라 할 수 있습니다.

저는 오직 하느님의 영광만을 추구합니다. 부족한 제가 양심을 깊이 성찰하면 할수록 은혜롭게도 하느님 친히 제게 선교사가 되라는 열망을 심어 주셨다고 생각됩니다. 저의 이런 열망을 확인하려고 저는 여러 가지 방법으로 검토했습니다. 저는 해외로 향하는 제 마음의 움직임을 오랫동안 억눌렀지만 결국은 그 강렬한 힘에 압도되어, 하느님의 길을 아는 무사무욕하고 현명한 분들과 의논했습니다. 저는 시간을 두고 심사숙고한 끝에 고향을 떠나기로 결심했습니다.

마음에 그려 보기

브뤼기에르 신부가 33세의 나이에 낯설고 물설고 말 선 동방으로 가라는 하느님의 새 부르심을 어떻게 알아듣고 받아들였는지 그 과정을 마음에 그려 봅시다.

말씀 읽기 (예레 20,7-9)

다양한 상황에서 많은 예언자들도 브뤼기에르 신부와 비슷한 경험을 했습니다. 예레미야 예언자는 자신이 하느님의 꾐에 넘어갔노라고 하느님께 항변합니다.

주님, 당신께서 저를 꾀시어 저는 그 꾐에 넘어갔습니다. 당신께서 저를 압도하시고 저보다 우세하시니 제가 날마다 놀림감이 되어 모든 이에게 조롱만 받습니다. 말할 때마다 저는 소리를 지르며 "폭력과 억압뿐이다!" 하고 외칩니다. 주님의 말씀이 저에게 날마다 치욕과 비웃음거리만 되었습니다. '그분을 기억하지 않고 더 이상 그분의 이름으로 말하지 않으리라.' 작정하여도 뼛속에 가두어 둔 주님 말씀이 심장 속에서 불처럼 타오르니 제가 그것을 간직하기에 지쳐 더 이상 견뎌 내지 못하겠습니다.

주간 묵상

하느님이 우리에게 바라시는 바가 때로는 나의 바람과 반대되는 것일 수 있습니다. 양심이 시키는 일을 무시해 버리고 싶은 유혹을 느낄 때도 있습니다. 혼자서는 감당하기 어려울 정도의 큰 방향 전환이 요구될 때도 있습니다. 일상을 살아가며 내가 가장 깊이 추구하는 바는 무엇인가요? 나의 욕구나 본능을 넘어서야만 하는 부르심을 느낀 적이 있나요? 그럴 때 나는 어떻게 응답하나요?

4주

마음속 생이별

1825년 여름, 브뤼기에르 신부가 파리외방전교회에 입회하기 위해 고향 레삭 도드 마을을 떠나야 할 시간이 다가왔습니다. 이번에 떠나면 다시는 돌아오지 못할 고향과 집이었습니다. 하지만 그는 가족에게 이별을 고하지 못했습니다. 마음 깊이 가족을 사랑했던 그는 가족의 걱정과 슬픔을 덜어 주고 싶어, 카르카손에 볼일이 있다는 핑계로 말없이 고향을 떠나기로 마음먹었습니다.

솔직하고 에너지 넘치는 브뤼기에르 신부에게 이런 행동은 쉬운 일이 아니었습니다. 그러나 사랑하는 부모님이 자신이 떠난다는 말을 듣고 겪을 고통이 염려된 그는 생이별의 아픔을 홀로 감당하기로 합니다.

브뤼기에르 신부는 친구들, 동료 사제들, 존경하는 시르 신부, 많은 친족들, 형제자매들, 무엇보다도 사랑하는 부모님과의 작별을 혼자 마음속으로 고해야 했습니다. 어린 시절 기도했던 곳, 첫 미사를 드렸던 마을 성당에서 그는 홀로 송별의 기도를 올렸습니다. 그가 예수님 발치에서 생이별을 고할 때 그의 눈에서는 슬픔과 감사의 눈물이 흘렀습니다.

하지만 그의 슬픔과 고통은 크나큰 사명 앞에서 작아졌고, 그의 가슴속은 하느님의 부르심에 대한 응답과 헌신의 마음으로 차올랐습니다.

소 주교가 남긴 글 (『서한집』, 73-74쪽)

브뤼기에르 신부는 선교사 수련을 받는 동안 편지로 부모님을 이해시키려 애쓰며, 말없이 떠난 이유에 대해서도 이야기합니다.

하느님께서 우리에게 당신 뜻을 알려 주시면 그 뜻을 실천하는 데 망설임이 있어선 안 됩니다. 제가 프랑스에서도 할 일이 많다고들 하지만 말입니다. … 두 분의 건강이 회복되셨다니 천만다행입니다. 부모님의 심정을 헤아린 나머지 저는 선교사로 고향을 떠난다는 말씀을 차마 드릴 수가 없었습니다.

마음에 그려 보기

사랑하는 이들과 슬픔을 공유하지 못하고, 홀로 외롭게 작별을 고하는 브뤼기에르 신부의 마음을 그려 봅시다.

말씀 읽기(요한 14,23-27)

예수님께서는 세상을 떠나 아버지 하느님께로 돌아가실 때가 되었음을 아시고, 제자들에게 작별의 말씀을 하십니다. 그분 말씀을 지키면 그분이 우리에게 오셔서 영원히 함께 살게 되고 참평화를 누리게 될 것이라 하십니다.

예수님께서 그에게 대답하셨다. "누구든지 나를 사랑하면 내 말을 지킬 것이다. 그러면 내 아버지께서 그를 사랑하시고, 우리가 그에게 가서 그와 함께 살 것이다. … 나는 너희에게 평화를 남기고 간다. 내 평화를 너희에게 준다. 내가 주는 평화는 세상이 주는 평화와 같지 않다. 너희 마음이 산란해지는 일도, 겁을 내는 일도 없도록 하여라."

주간 묵상

이별은 어쩌면 우리 삶의 자연스러운 한 단면일 것입니다. 누군가와 이별해야 할 때, 때로는 브뤼기에르 신부처럼 이별의 아픔을 혼자 삭이면서 조용히 떠날 수 있는 용기가 필요할지 모릅니다. 오늘 예수님 말씀처럼, 그분 말씀을 지키고 그분을 지극히 사랑할 때 나의 고통 안에서 함께하시는 그분을 느끼게 될 것입니다.

5주

괘씸한 자식

부모는 자녀를 위해 자신의 모든 것을 다 주고도 조금도 아까워하지 않습니다. 그럼에도 때로는 최소한의 사랑이라는 보상을 내심 기대하기도 합니다. 되돌아오지 않는 사랑에 서운함을 느낄 때도 있습니다.

부모는 자식을 늘 가까이에서 보고 싶어 하지만, 자녀는 언젠가 부모 곁을 떠나게 됩니다. 브뤼기에르 신부의 부모도 아들이 저 멀리, 더구나 사지死地로 가는 것을 기뻐할 수 없었습니다. 하지만 브뤼기에르 신부는 "어머니께서는 제가 고향으로 돌아오기를 바라시지만 그것은 주님의 섭리에 맡길

일"이라고 말합니다. 브뤼기에르 신부의 부모는 그가 파리 외방전교회에서 수련받는 동안 자주 편지를 보내지 않음으로써 서운함을 소극적으로 표현한 듯합니다. 부모님께 편지를 거의 받지 못했던 일은 브뤼기에르 신부에게 큰 고통이었습니다.

가장 사랑했던 아들이 부모와 상의하지 않고 작별 인사도 없이 떠난 일에 대해, 훗날 어떤 이가 그의 아버지에게 '아들이 괘씸하지도 않느냐?'고 물었습니다. 아버지는 체념하듯 답했습니다. "그럼 어쩌겠습니까, 그 애가 나보다 하느님을 더 좋아하나 봅니다, 옳은 일이지요." 이 대답에서 대단한 신앙적 내공이 느껴집니다. '그 아버지에 그 아들'이라는 평에 전적으로 공감하게 됩니다.

소 주교가 남긴 글 (『서한집』, 69-70쪽)

브뤼기에르 신부는 부모에게 자신이 선교사로서 떠나는 것을 오히려 하느님 안에서 기뻐해 달라고 청합니다.

사랑하는 부모님, 이를 심사숙고하시기 바랍니다. 불신의 늪에서 허우적거리는 무수한 백성들의 영적 필요를 헤아리시고, 우리가 애덕으로 도와주길 기도하는 저들의 울부짖음을 살펴 주십시오 … 오히려 저 가련한 외교인들의 회개에 일조한다고 생각하시어 하느님 안에서 기뻐하시기 바랍니다. 문득 불평불만하고 싶은 마음이 들 때에는, 지금 이 순간 내 아들이 외교인 영혼을 또 하나 구원하고 있다는 생각으로 위안을 삼으시기 바랍니다.

마음에 그려 보기

목숨 걸고 직접 전교의 길을 나서는 브뤼기에르 신부와 생이별의 아픔까지도 봉헌함으로써 아들과 함께하는 간접 전교의 길을 가는 그의 부모 모습을 그려 봅시다.

말씀 읽기 (루카 14,25-27)

예수님을 사랑하는 제자의 길은 혈연의 정에 묶여 대의를 저버리는 삶이 아니라, 대의를 앞세우고 전적으로 대의에 헌신하는 길입니다. 히브리인들의 표현에서 '미워한다'는 것은 '덜 사랑한다'는 뜻입니다.

> 많은 군중이 예수님과 함께 길을 가는데, 예수님께서 그들에게 돌아서서 이르셨다. "누구든지 나에게 오면서 자기 아버지와 어머니, 아내와 자녀, 형제와 자매, 심지어 자기 목숨까지 미워하지 않으면, 내 제자가 될 수 없다. 누구든지 제 십자가를 짊어지고 내 뒤를 따라오지 않는 사람은 내 제자가 될 수 없다."

주간 묵상

돌아올 수 없는 이역만리 땅으로 작별 인사도 없이 떠나 버린 브뤼기에르 신부를 두고 그의 아버지는 섭섭해하기보다 '하느님을 더 좋아해서'라고 말합니다. 세상의 갈등은 주로 인간적 기대가 충족되지 않을 때 일어나고, 그 기대의 끈을 놓았을 때 비로소 사라집니다. 나는 누군가로부터 어떤 보답이나 보상을 기대하고 있지는 않은지요?

6주

선교사 파견

파리외방전교회에서 약 5개월간 수련을 받은 브뤼기에르 신부는 1826년 2월 5일 34세의 나이로 동아시아 전교를 위해 파리에서 출발, 보르도항에서 배를 타고 첫 배속지 코친차이나(오늘날 베트남 남부)로 향했습니다.

『한국천주교회사』를 쓴 프랑스 선교사 클로드 샤를 달레Claude-Charles Dallet(1829-1878년)가 작사하고, '구노의 아베 마리아'로 유명한 샤를 프랑수아 구노Charles-François Gounod (1818-1893년)가 작곡한「선교사들의 출발」은 브뤼기에르 주교가 선교사로서 떠나는 비장한 모습을 잘 연상시켜 줍니다.

"복음을 전하는 자들의 발은 얼마나 아름다운가. 오늘은 그대들이 원하던 날, 그 어떤 것도 그대들의 열정을 막을 수 없네. 떠나라 형제들이여, 그대들은 얼마나 행복한 사람들인가. 형제들이여, 이 세상에 하직 인사를 하고 주님의 이름으로 먼 곳으로 떠나라. 그리스도의 병사들이여, 세상 모든 땅이 복음을 듣도록 십자가의 깃발을 도처에 꽂아라. 그대들은 포승으로 묶일 것이고, 그대들의 시신은 형장에 버려질 것이다. 사나운 폭군들의 칼 아래에서 그대들의 승리를 나눠라. 우리가 죽어야 한다면 죽으리라. 그대들 뒤를 곧 따라가리라. 한 영혼을 개종시키기 위해 땅끝까지 찾아가리라."

(『교회사연구 제49집』, 302-303쪽).

소 주교 관련 글 (『서한집』, 391쪽)

브뤼기에르 주교의 한 지기는 파리외방전교회의 선교사 파견식(송별식)에서 홀로 파견되는 브뤼기에르 주교의 모습을 이렇게 묘사했습니다.

파리외방전교회 신학교 교수 신부 한 분이 … 인사말을 하고 나면 새 선교사들은 성당 앞 계단을 올라가서 감실 두 발짝 앞에서 동료들을 향해 돌아선다. 그러면 송별식 참석자들이 모두 선교사들의 발에 입을 맞춘다. 그때 다 같이 부르는 노래 가사는 이렇다. "저 멀리 평화와 구원의 복음을 전하러 가는 지상 천사들의 발은 그 얼마나 아름답고 존경스러운가!"

이때 많은 이들이 눈물을 흘리는데, 동행하는 선교사 없이 홀로 땅끝으로 떠나는 경우에는 감동이 더욱 컸다. 그 시절에는 선교사 지망생이 적어서 홀로 떠나는 경우가 적지 않았는데, 브뤼기에르 신부 역시 그처럼 기다리고 원했던 시간이 되어 작별을 고할 때 혼자였다.

마음에 그려 보기

사랑했던 모든 것들과 작별하고, 언제 주님 품으로 돌아갈지 알 수 없는 머나먼 미지의 땅으로의 떠남을 상징적으로 보여 주는 선교사 파견식의 모습을 그려 봅시다.

말씀 읽기(이사 52,7-8)

제2 이사야는 바빌론 유배 중인 백성에게 해방의 기쁜 소식을 알리며, 그 구원의 기쁜 소식을 전하는 일이 얼마나 아름다운 일인가를 노래합니다.

얼마나 아름다운가, 산 위에 서서 기쁜 소식을 전하는 이의 저 발! 평화를 선포하고 기쁜 소식을 전하며 구원을 선포하는구나. "너의 하느님은 임금님이시다." 하고 시온에게 말하는구나. 들어 보아라. 너의 파수꾼들이 목소리를 높인다. 다 함께 환성을 올린다. 주님께서 시온으로 돌아오심을 그들은 직접 눈으로 본다.

주간 묵상

선교사 파견식 중 사람들은 선교사의 발에 친구親口하며 '기쁜 소식을 전하는 이의 발'이 얼마나 아름답고 귀한지를 고백합니다. 평소 나의 발은 누구에게 어떤 소식을 전하러 가나요? 나의 발은 주로 어디로 향하나요?

7주

조선 교우들의 편지

    비행기가 없던 19세기 초에 해외로 나간다는 것은 오늘날 우리는 상상도 못 할 힘든 여정이었습니다. 브뤼기에르 신부가 탄 배 에스페랑스호는 프랑스 보르도항에서 1826년 2월 26일 출발하여 아프리카 대륙을 빙 돌아 4개월 넘게 항해하여 7월 1일에야 자바섬에 도착했습니다.

    브뤼기에르 신부는 먼저 파리외방전교회 극동 대표부(이하 파리외방 대표부)가 있는 마카오로 가야 했습니다. 그는 직항 배를 구하지 못해 8월 28일 싱가포르까지 가는 배를 탔고, 거기서 다시 영국 배를 얻어 타고 마카오로 향했는데, 항해 도중 폭풍우를 만나고 암초 지대를 통과하는 등 많은 어려움을 겪으며, 10월 중순에 간신히 마카오에 도착했습니다.

마카오에 있는 파리외방 대표부의 바루델 신부는 이때 브뤼기에르 신부의 배속지를 시암(지금의 태국) 대목구로 변경했습니다. 당시 시암 대목구는 몇 년 사이에 선교사 두 명을 차례로 잃어 인력 보강이 시급했습니다.

시암 대목구로 떠나기 전 브뤼기에르 신부는 파리외방 대표부에서 2개월가량 머물면서 포교성성 대표부의 움피에레스 신부와 성 요셉 신학교를 운영하는 포르투갈 라자로회 선교사들과 함께하는 프랑스 라자로회 선교사 라미오 신부를 만났습니다. 그때 브뤼기에르 신부는 움피에레스 신부와 라미오 신부에게서 놀라운 이야기를 듣게 됩니다. 바로 조선 교우들이 선교사를 보내 달라고 여러 차례 교황님께 올리는 편지를 보내오고 있다는 것이었습니다. 움피에레스 신부는 이 편지들을 라틴어로 옮겼고 라미오 신부는 그 번역문을 검토했던 것입니다. 그래서 브뤼기에르 신부는 조선 교회의 탄생 경위, 박해, 신앙 유지를 위한 노력과 목자 없는 안타까운 사정 등을 더 자세히 알게 됩니다.

그해 12월 11일 마카오를 출항해 바타비아를 경유하는 동안, 브뤼기에르 신부는 카르카손 교구 총대리 귀알리 신부에게 쓴 편지에 "중국 동북쪽에 '조선'이라는 왕국이 있습니다."라며 조선 교우들의 이야기를 들려줍니다.

소 주교가 남긴 글 (『서한집』, 84쪽)

브뤼기에르 신부는 새로 받은 소임에 충실해야 한다고 생각하면서도, 조선 교우들의 처지에 대한 생각과 조선 전교 열망을 쉽게 버리지 못합니다.

이 소명을 받을 성직자는 아마도 분명코 하느님의 영광을 위하여 많은 것을 감내하는 기쁨을 누릴 것입니다. 그는 썩 훌륭하게 개종 사업을 이룰 것이며, 몇 해 지나지 않아 순교의 화관을 얻게 될 것입니다. 몇 번이나 저는 이 민족을 도우러 가고 싶었습니다. 그러나 저는 맡겨진 임지에 남아 있어야 하지 않겠습니까? 임지를 버리고 다른 곳으로 간다면, 마음이 항구하지 못함을 드러내는 일이지 않겠습니까? 그럼에도 불구하고 만약 포교성성에서 유럽의 사제들에게 호소하듯이 우리에게도 호소한다면, 저는 그 즉시 조선으로 떠나겠습니다.

마음에 그려 보기

마음으로는 조선 교우들을 향해 한달음에 달려갔지만, 먼저 맡겨진 소임에 충실하기 위해 시암 대목구로 향하는 브뤼기에르 신부의 마음을 헤아려 봅시다.

말씀 읽기 (요한 11,34-43)

조선을 돕고 싶은 브뤼기에르 신부에게서 친구 라자로와 그 가족을 도우신 예수님의 모습을 봅니다. 예수님은 사랑하는 친구 라자로의 죽음 앞에서 슬픔이 북받쳐서 눈물을 흘리셨습니다. 그리고 라자로를 무덤에서 불러내셨습니다.

예수님께서 "그를 어디에 묻었느냐?" 하고 물으시니, 그들이 "주님, 와서 보십시오." 하고 대답하였다. 예수님께서는 눈물을 흘리셨다. 그러자 유다인들이 "보시오, 저분이 라자로를 얼마나 사랑하셨는지!" 하고 말하였다. … 예수님께서는 이렇게 말씀하시고 나서 큰 소리로 외치셨다. "라자로야, 이리 나와라."

주간묵상

조선의 상황을 더 구체적으로 알게 된 브뤼기에르 신부는 조선의 신입 교우들을 돕고 싶은 마음이 더욱 간절해졌습니다. 죽은 이를 일으켜 세우듯 어둠 속에서 방황하는 이들을 빛이신 주님께로 인도하고 싶었습니다. 구원은 곧 '살림'입니다. 지금 나는 누군가를 살리는 일을 하고 있나요? 내가 흘리는 눈물은 누군가를 살리기 위한 것인가요?

8주

양심에 따른 순종

1827년 6월 3일 시암의 수도 방콕에 도착한 브뤼기에르 신부는 시암 대목구장 플로랑 주교를 보필하며 시암 대목구 교구청 일과 그곳 주교좌의 본당 사목, 신학교 교수직을 수행하게 됩니다. 신학교에서는 라틴어반, 철학반, 신학반 등 다양한 수준의 수업을 진행했는데, 이는 학생들의 학습 수준이 각기 달랐기 때문입니다.

브뤼기에르 신부는 시암 대목구 선교사로 발령받은 지 채 2년이 안 되었을 때 그곳 부주교로 선택됩니다. 그 무렵 그는 조선 선교지를 맡아 달라는 포교성성의 제의에 대한 회원과 대목구장들의 의견을 묻는 파리외방전교회 파리 본부(이하 파리 본부)의 공동 서한을 읽고 조선 선교사 파견 건이 연기된 것을 알게 됩니다. 그런데 그는 '그렇게도 시련을 겪고, 그렇게도 칭찬받을 만한' 조선 교우들에게 도움 주는 일이 연기된 것을 도저히 이해할 수 없었습니다.

그는 시암에 오기 전, 마카오에서 조선 교우들에 대한 이야기를 듣고 조선 전교의 열망이 타올랐습니다. 그러나 당시에는 선불리 자원할 수 있는 상황이 아니었기에, 자신의 열망을 감추어야 했습니다. 그러던 중 이 공동 서한을 읽고서는 조선 교회와 조선 교우들을 향한 열망이 활화산처럼 다시 솟아오르는 것을 느꼈습니다.

파리 본부에서는 조선 선교지를 맡아 달라는 포교성성의 요청에 다섯 가지 이유를 들어 부정적으로 답했지만, 브뤼기에르 신부의 생각은 달랐습니다. 그는 1829년 5월 19일 파리 본부 지도 신부들에게 보낸 편지에서 파리 본부 의견을 논리적으로 반박합니다. 그가 조선 선교사로 파견되기를 희망하는 의사 표현을 처음으로 한 이 편지에는 평소 그의 사고와 의지가 잘 드러나 있습니다.

소 주교가 남긴 글 (『교회사 2』, 221쪽)

브뤼기에르 신부는 편지 서두에서 파리 본부의 결정 동기는 찬성할 만하고 매우 슬기로우며, 포교성성에서도 그 결정에 동조하는 듯했다고 운을 뗍니다. 그러나 온전히 조선 교우들의 입장에서 생각한 그는, 자신의 반박 편지가 바로 자신의 '양심에 순종'하기 위한 것이라고 말합니다.

> 저는 여러분이 조선의 신자들에 대해서 최선의 의지를 가지고 있다고 확신합니다. 단지 일을 더 잘 처리하는 것이 불가능하여 어쩔 수 없이 몇 년 정도 더 기다리게 된 것이라고 생각합니다. … 저는 감히 실례를 무릅쓰고 위에서 거론된 여러 가지 이유들을 자세하게 상기해 보고, 또 여기에 제 생각들을 몇 가지 첨부하고자 합니다. 여러분께서는 이것을 정밀하게 검토하시

고 진지하게 숙고해 보시기를 부탁드립니다.… 이런 말씀을 올리는 것은… 오직 제 양심에 순종하기 위해서입니다.

마음에 그려 보기

브뤼기에르 신부는 '양심에 순종하기 위해' 제안하는 자신의 해법을 '진지하게 숙고'해 달라고 부탁합니다. 대세를 거스르는 의견을 내는 경우, 자신이 속한 공동체에서 배척받거나 외톨이가 될 수도 있습니다. 그럼에도 양심에 순종하려 한 브뤼기에르 신부의 마음을 헤아려 봅시다.

말씀 읽기 (2코린 4,1-3)

우리가 자신과 모든 사람의 양심 앞에서 거리낌 없이 떳떳하다면, 마음은 평화로워지고 자유로워집니다. 그래서 바오로 사도는 드러내지 못할 창피스러운 일들은 버리고, 간교한 행동은 하지 말며, 말씀은 바르게 전하여 진리를 드러내는 삶을 살아가라고 가르칩니다.

이렇게 우리는 하느님의 자비를 입어 이 직분을 맡고 있으므로 낙심하지 않습니다. 그리고 우리는 부끄러워 숨겨 두어야 할 것들을 버렸으며, 간교하게 행동하지도 않고 하느님의 말씀을 왜곡하지도 않습니다. 오히려 진리를 드러내어 하느님 면전에서 모든 사람의 양심 앞에 우리 자신을 내세웁니다. 우리의 복음이 가려져 있다 하여도 멸망할 자들에게만 가려져 있을 뿐입니다.

주간 묵상

예수님께서 알려 주신 사랑의 이중 계명은 그리스도인에게 자신의 삶을 비추어 성찰할 수 있게 하는 거울(양심)과 같습니다. "네 마음을 다하고 네 목숨을 다하고 네 정신을 다하여 주 너의 하느님을 사랑해야 한다."라는 첫째 계명과 "네 이웃을 너 자신처럼 사랑해야 한다."라는 둘째 계명입니다(마태 22,37-40). 나는 이 사랑의 이중 계명을 어떻게 지키고 있나요? 이 계명에 비추어 나의 양심을 날마다 성찰하고 있나요?

9주

돈 걱정

 파리 본부가 조선 전교를 당장 맡을 수 없다고 포교성성에 답한 큰 이유 중 하나는 '돈' 문제였습니다. 사실 돈 문제는 우리 개인·가정·사회·국가 등 언제 어디서 누구에게나 걱정거리인 매우 보편적 문제입니다. 돈 걱정은 절대 빈곤에 시달리는 사람부터 누가 봐도 걱정이 필요 없을 것 같은 이들까지 모든 사람에게 해당되는 것 같습니다. 물론 그 이유와 정도의 차이는 엄청나지만요. 당시 파리외방전교회도 재정 문제에 직면해 있었고, 이를 고려하지 않을 수는 없었을 것입니다.

그런데 브뤼기에르 신부는 돈 문제를 걱정하기 전에 먼저 과거를 되돌아보자고 합니다. 어쩌면 신앙은 기억일지도 모릅니다. 과거 그분이 내게, 그리고 우리에게 해 주신 바를 기억한다면 미래에 대한 불안이 사라지지는 않더라도 적어도 그분에 대한 신뢰는 가질 수 있을 것입니다.

소 주교가 남긴 글(『교회사 2』, 222쪽)

브뤼기에르 신부는 그동안 파리외방전교회가 걸어온 길을 상기시키며 하느님의 섭리를 깨닫고 하느님 섭리에 대한 신뢰를 회복하도록 유도합니다.

일찍이 우리 신학교가 불가능한 일이라고 해서 무엇을 거부한 적이 있었습니까? 모든 것이 절망적으로 보였던 시기에 우리가 맡고 있던 선교지들 가운데 하나라도 포기한 적이 있었습니까? … 우리는 하느님을 향해 도움을 간청하였습니다. 우리는 착한 사람들을 악에서 구해 내시는 하느님께는 모든 것이 가능하다고 믿었습니다. 우리의 기대는 어긋난 적이 없었습니다. 하느님께서 선교지들을 도와주려고 기적을 베푸셨던 것입니다. 그런데 지금에 와서 우리 하느님의 흩이 약해지셨다는 말입니까? 아니면 우리의 신앙과 확신이 줄어들었다는 말입니까?

마음에 그려 보기

현재의 재정 문제를 걱정하며, 새로운 전교지에 필요한 미래의 재정 걱정까지 더해 소극적인 태도를 취하는 이들에게 브뤼기에르 신부는 그동안 하느님께서 자신들에게 해 주신 바를 기억하라고 합니다. 이집트를 탈출해 광야에서 지내야 했던 이스라엘 백성에게 모세는 하느님이 자신들에게 해 주신 바를 기억하도록 했습니다(신명 8장). '기억'을 강조하는 브뤼기에르 신부와 모세의 모습을 떠올려 봅시다.

말씀 읽기 (마태 6,31-33)

예수님은 돈 걱정으로 피폐해진 우리에게, 씨를 뿌리거나 거두지 않는 공중의 새들과, 수고도 길쌈도 하지 않는 들꽃을 보며 하느님의 섭리를 기억하라고 하십니다.

"그러므로 너희는 '무엇을 먹을까?', '무엇을 마실까?', '무엇을 차려입을까?' 하며 걱정하지 마라. 이런 것들은 모두 다른 민족들이 애써 찾는 것이다. 하늘의 너희 아버지께서는 이 모든 것이 너희에게 필요함을 아신다. 너희는 먼저 하느님의 나라와 그분의 의로움을 찾아라. 그러면 이 모든 것도 곁들여 받게 될 것이다."

주간 묵상

브뤼기에르 신부도 모세도 예수님도 우리의 기억을 일깨우십니다. 신앙은 기억하는 것입니다. 하느님을 기억하고 그분이 내게 주신 위로와 희망과 약속을 기억하는 것입니다.

미래에 대한 두려움으로 앞이 보이지 않을 때, 지나온 과거를 기억해 봅시다. 그간 온전히 나의 힘만으로 모든 문제를 해결했나요? 주님의 섭리를 느낄 수 있나요?

10주

일꾼 걱정

파리 본부에서 조선 전교를 당장 맡을 수 없다고 한 또 다른 이유는 파견할 선교사가 없다는 '인력' 문제였습니다. 인력 문제 역시 보편적이라 할 수 있습니다. 어디서나 늘 적절한 인재가 필요하니까요. 하지만 브뤼기에르 신부는 이 문제는 이유들 중에서 가장 미약한 것이며, 만일 지원자가 없다면 선교사들이 쓴 편지를 수록하여 간행하는 『교훈이 되는 새 서한집』에서 '조선'이라는 제목이 붙은 기사를 모두 인쇄하고 거기에다 조선 교우들이 교황님에게 올린 편지들도 같이 인쇄하여 알릴 것을 제안합니다.

소 주교가 남긴 글 (『교회사 2』, 223-224쪽)

브뤼기에르 신부는, 조선 교우들이 교황님께 올린 편지를 읽은 프랑스인들이라면 새로운 용기와 열성을 가지고 이 일에 참여하고자 열 배의 인원이 찾아올 것이라고 자신합니다. 하느님에 대한 믿음이 사람에 대한 믿음으로 이어지는 것입니다.

『교훈이 되는 새 서한집』의 '조선' 항목에 들어 있는 기사들을 모두 인쇄하고, 거기에다가 이 열심한 조선의 신자들이 여러 번에 걸쳐서 우리 교황 성하께 올린 편지들을 첨부하십시오. … 그런 다음에 이것을 여러 벌 만들어서 프랑스의 소신학교와 대신학교에 보내십시오. 그리하여 신학교에 있는 모든 젊은 신학생들의 애덕과 열성에 간절히 호소하십시오. … 이 험난한 선교지가 보여 주는 온갖 종류의 위험들을 예상하는 일은 그들의 열의를 자극하고 그들에게 새로운 용기를 불어넣어 줄 뿐입니다. 한 명을 구하면 열 명이 달려올 것입니다.

마음에 그려 보기

　브뤼기에르 신부는 조선 교우들의 상황을 제대로 알린다면 어렵지 않게 사람들의 공감을 불러일으켜서 인력(선교사) 문제는 쉽게 해결되리라 믿었습니다. 하느님과 사람에 대한 흔들리지 않는 믿음이 그로 하여금 이런 확신에 이르도록 이끈 것입니다. 힘든 상황 앞에서 흔들리지 않는 믿음과 열정으로 문제 해결을 위해 고민하고 노력하는 브뤼기에르 신부의 마음을 들여다봅시다.

말씀 읽기(마태 7,7-11)

　예수님께서는 우리에게 청하고 찾으며 문을 두드리라고 하십니다. 우리가 아무것도 하지 않으면, 결국 아무 일도 일어나지 않습니다.

　"청하여라, 너희에게 주실 것이다. 찾아라, 너희가 얻을 것이다. 문을 두드려라, 너희에게 열릴 것이다. 누구든지 청하는 이는 받고, 찾는 이는 얻고, 문을 두드리는 이에게는 열릴 것이다. 너희 가운데 아들이 빵을 청하는데 돌을 줄 사람이 어디 있겠느냐? 생선을 청하는데 뱀을 줄 사람이 어디 있겠느냐? 너희가 악해도 자녀들에게는 좋은 것을 줄 줄 알거든, 하늘에 계신 너희 아버지께서야 당신께 청하는 이들에게 좋은 것을 얼마나 더 많이 주시겠느냐?"

주간 묵상

살면서 만나게 되는 이러저러한 문제들에 걸려 넘어졌다고 쉽게 포기한다면 우리는 더 나아갈 수 없습니다. 예수님 말씀처럼, 브뤼기에르 신부의 편지처럼 하느님께 청하면서 방법을 찾아내고 문을 두드려 해결하는 길을 찾아야 합니다. 그렇게 성공한 경험들이 모이면 우리는 이전보다는 조금 더 뜻깊은 일을 해낼 수 있습니다. 해결하기 어려운 일 앞에서 나는 어떻게 반응하나요? 함께하는 이들과 더 큰 시너지를 내기 위해 나는 무엇을 하고 있나요?

11주

가장 시급한 일

 파리 본부에서 조선 전교를 당장 맡을 수 없다고 한 또 다른 이유는 다른 선교지에도 '급한 일이 많다'는 것이었습니다. 많은 이들이 현재 주어진 일만으로도 이미 충분히 많으니 새로운 것에는 눈을 돌리지 않는 게 현명하다고 생각한 것입니다. 그러나 브뤼기에르 신부는 시급한 것에도 정도의 차이가 있는데, 조선의 상황은 도무지 뒤로 미룰 수 없는 가장 시급한 일이라고 보았습니다. 가치 판단의 문제입니다. 무엇이 더 시급하고 더 중요한 일인지는 각자의 가치관에 따라 판단하고 결정하게 됩니다.

브뤼기에르 신부는 조선 전교를 "숨이 끊어질 지경에 놓인 그토록 많은 불쌍한 신입 교우들을 도우러 달려가는 일"이라고 합니다. 그는 "사랑하는 아들이 화염으로 타 죽을 지경에 놓인 것을 발견한 아버지라면 아들을 구하려다가 자기가 처하게 될 위험들을 이모저모 따져 보느라 아까운 시간을 허비하겠습니까?"라고 반문하며 조선에 선교사를 파견하는 일보다 더 시급한 일은 없다고 강조합니다.

소 주교가 남긴 글 (『교회사 2』, 224쪽)

　브뤼기에르 신부는 갓난아이에게 부모가 필요한 것처럼 갓 태어난 조선 교회에 성직자를 파견하는 것은 필수불가결하며, 어떤 이유로도 미룰 수 없는 화급한 일로 여겼습니다.

　도움을 필요로 하는 일들이 많을 것입니다. 그러나 저 불쌍한 조선 사람들의 경우만큼 절박하지는 않습니다. 애덕의 정신이 사람들에게 요구하는 엄격한 의무는 이렇습니다. 도움이 없이는 그 불쌍한 삶을 조금도 이어 갈 수 없는 불행한 사람을 돕기 위해서는 자기에게 꼭 필요한 것마저도 내놓아야 한다는 것입니다. 그렇다면 이런 의무는 교회로부터 도움을 받기에 마땅한 자격을 갖춘 수많은 열심한 새 신자들에게 도움의 손길을 내미는 경우에 훨씬 더 엄격하게 적용되어야 하지 않겠습니까? … 저 불행한 신자들은 여러 해 전부터 신자들의 공통된 아버지이신 교황 성하께 도움을 간청하기 위해 손을 들어 애원하고 있습니다.

마음에 그려 보기

브뤼기에르 신부에게 조선 전교는 바로 애끓는 사랑이었습니다. 조선 전교를 세상 그 어떤 것보다 중요하고 시급한 일로 여긴 브뤼기에르 신부의 마음을 생각하며, 우리 교회가 그토록 사랑받았음을 생각해 봅시다.

말씀 읽기 (루카 10,1-4)

예수님은 제자들을 파견하시며, 매우 혹독해 보이는 말씀을 하셨습니다. 심지어 길에서 사람들과 인사조차 하지 말라고 하십니다. 그만큼 시급한 일이 있다는 것입니다.

주님께서는 다른 제자 일흔두 명을 지명하시어, 몸소 가시려는 모든 고을과 고장으로 당신에 앞서 둘씩 보내시며, 그들에게 말씀하셨다. "수확할 것은 많은데 일꾼은 적다. 그러니 수확할 밭의 주인님께 일꾼들을 보내 주십사고 청하여라. 가거라. 나는 이제 양들을 이리 떼 가운데로 보내는 것처럼 너희를 보낸다. 돈주머니도 여행 보따리도 신발도 지니지 말고, 길에서 아무에게도 인사하지 마라."

주간 묵상

브뤼기에르 신부에게 세상 어떤 일보다 가장 시급하고 중요한 일은 조선 전교였습니다. 지금 나에게 가장 시급하고 중요한 일은 무엇인가요? 그것을 위해 나는 어떤 선택을 할 수 있나요?

12주

사람이 할 수 없는 일

　파리 본부에서 조선 전교를 당장 맡을 수 없다고 한 또 하나의 이유는 그 나라를 뚫고 들어가기가 힘들다는 것이었습니다. 당시 조선은 천주교를 수용하지 않고 있었습니다. 믿는 이들은 박해를 받았고, 국경은 철저히 차단되어, 서양 선교사는 육로와 해로 그 어디로도 조선에 입국하는 것이 허용되지 않았습니다. 그래서 서양인의 조선 입국은 불가능한 일로 보였습니다. 그야말로 '미션 임파서블Mission Impossible'이었습니다.

　그러나 브뤼기에르 신부는 어렵다고 불가능한 것은 아니

며, 잇속을 따지는 세상 사람들은 자기에게 이익되는 일이 어렵다고 거기서 물러서지 않는데, 하느님의 일을 하면서 그렇게 호락호락 물러나서야 되겠느냐고 반문합니다.

소 주교가 남긴 글 (『교회사 2』, 225-229쪽)

브뤼기에르 신부의 이러한 논박에는 조선 사랑이 가득합니다. 하느님을 "알자마자 공경하고 사랑한 조선인들"이라는 표현에서 조선 교우들에게서 얼마나 깊은 인상을 받았는지, 그가 얼마나 조선을 사랑했는지 느끼게 됩니다.

어떤 계획이 어렵다고 하여 그것 때문에 불가능한 것은 아닙니다. 또 세속의 자식들은 이해관계가 걸려 있을 때 어렵다고 절대로 물러서지 않습니다. 그렇다면 하느님의 영광과 이웃의 구원이 문제가 되는데도 주저하고 소극적인 것은 빛의 자식들뿐이란 말입니까? … 하느님께서 당신을 알자마자 경배하며 사랑하고 섬겼던 조선 사람들에게 갑자기 엄하고 매정한 하느님이 되셨다는 것입니까? 하느님께서 … 당신의 사제들이 어느 누구도 저들에게 다다를 수 없게 만들고는 즐거워하시겠습니까? 내 머리에 이와 비슷한 생각이 잠시라도 떠오른다면, 저는 섭리를 모독하는 일이라고 생각할 것입니다.

마음에 그려 보기

조선 교회의 필요에 응답하고자 하는 열망으로 가득한 브뤼기에르 신부는 사람들이 불가능하다고 여기는 일이 사실은 어려운 일일 뿐이라고 합니다. 마치 어미가 자식을 잊지 못하듯 조선을 잊지 못하며 사랑으로 불가능을 뛰어넘는 브뤼기에르 신부의 모습을 그려 봅시다.

말씀 읽기 (이사 49,15-17)

바빌론 유배 중인 이스라엘 백성은 하느님이 자신들을 잊으신 것이라 여겼습니다. 이국땅에 끌려와 이교도들 사이에서 성전도 없이 살아야 하는 자신들이 하느님으로부터 버림

받았다고 느꼈습니다. 이런 그들에게 하느님은 제2 이사야의 입을 통해 말씀하십니다.

> 여인이 제 젖먹이를 잊을 수 있느냐? 제 몸에서 난 아기를 가엾이 여기지 않을 수 있느냐? 설령 여인들은 잊는다 하더라도 나는 너를 잊지 않는다. 보라, 나는 너를 내 손바닥에 새겼고 너의 성벽은 늘 내 앞에 서 있다. 너를 다시 세우려는 이들이 서두르니 너를 허물던 자들과 너를 부수던 자들이 너에게서 물러간다.

주간묵상

우리는 때때로 넘을 수 없는 거대한 벽 앞에서 눈앞이 캄캄해지기도 합니다. 좌절하고 너무 지쳐 일어설 기운조차 없을 때도 있습니다. 혼자서는 도저히 어쩔 수 없어 절망하고 울부짖을 때에도 하느님께서는 우리의 외침을 듣고 계십니다. 브뤼기에르 신부도 하느님의 일에 어려운 일은 있어도 불가능한 일은 없다고 말합니다.

13주

제가 하겠습니다

　파리 본부에서 조선 전교를 당장 맡을 수 없다고 한 마지막 이유는 '너무 많은 일을 하면 하나도 제대로 하지 못한다.'라는 것이었습니다. 이 이유도 일견 합리적으로 보이지만, 브뤼기에르 신부는 이 옛날 격언이 언제나 옳은 것은 아니며, 이를 조선 전교에 적용할 수 있다면 그것을 증명해 달라고까지 말합니다. 그러면서 앞에서 이야기한 것처럼 파리외방전교회가 아직도 더 많은 일을 할 수 있고 더 잘할 수 있다는 것을 자신이 증명하겠다고도 말합니다. 참으로 집요한 설득입니다.

소 주교가 남긴 글 (『교회사 2』, 229-230쪽)

파리 본부 지도자 신부들이 심사숙고하였음에도 조선 전교를 미루는 것이 현명하고 교회에 이익이 된다고 판단한다면 브뤼기에르 신부는 다음과 같은 제안을 하나 하겠다고 합니다.

장래에 관해서 아무런 약속도 하지 말고, 지금 당장으로는 신부 1, 2명 정도를 보내겠다고 제안하십시오. 그들은 이 나라를 뚫고 들어가기 위해 열성적인 태도와 현명한 판단으로 생각해 낸 모든 것들을 시도해 보겠지요. 언젠가 그들이 조선에 들어가는 일에 성공하기만 한다면, … 그들의 뒤를 따를 선교사들을 들어오게 할 방법들을 발견할 것입니다. … 그곳에 도착한 신부는 목자가 없어서 매 순간마다 영원히 소멸해 버릴지도 모르는 이 선교지를 지탱해 나갈 것입니다. 그러는 동안에 하느님의 섭리는 새로운 도움을 마련해 주실 것입니다. … 이런 위험한 사업을 기꺼이 맡고자 하는 신부가 누구이겠습니까? 제가 하겠습니다.

마음에 그려 보기

    자신이 제안한 바가 사실 두렵고 어려운 일이라는 걸 브뤼기에르 신부는 잘 알고 있었습니다. 그래서 그 위험한 일을 자신이 맡아서 하겠다고 자청합니다. 자신의 말에 끝까지 책임지는 브뤼기에르 신부의 모습을 떠올려 봅시다.

말씀 읽기 (이사 6,8-9.11)

    타는 숯으로 입술을 정화한 이사야 예언자는 하느님의 말씀을 전하는 예언자가 되겠다고 자원합니다. 그러나 하느님은 백성이 듣고 보더라도 깨닫지 못할 것이라는 사실을 미리 알려 주십니다. 예언자는 자신의 말과 행동이 아무 성과 없이 끝나더라도 꿋꿋이 행해야 합니다.

    그때에 나는 이렇게 말씀하시는 주님의 소리를 들었다. "내가 누구를 보낼까? 누가 우리를 위하여 가리오?" "제가 있지 않습니까? 저를 보내십시오." 하고 내가 아뢰었더니 그분께서 말씀하셨다. "너는 가서 저 백성에게 말하여라. '너희는 듣고 또 들어라. 그러나 깨닫지는 마라. 너희는 보고 또 보아라. 그러나 깨치지는 마라.'" 그래서 내가 아뢰었다. "주님, 언제까지입니까?" 그분께서 말씀하셨다. "성읍들이 주민 없이 황폐하게 되고 집집마다 사람이 없으며 경작지도 황무지로 황폐해질 때까지다."

주간 묵상

브뤼기에르 신부는 이사야 예언자처럼 그 위험한 곳에 가겠다고 자원합니다. 이사야 예언자의 길은 어렵고 험난합니다. 그곳에서 이사야 예언자의 예언은 마치 허공에 흩어지는 공허한 소리처럼 아무 효과도 내지 못할 것입니다. 그의 심판 선고를 듣고 백성은 그에게 분노할 것입니다. 이처럼 브뤼기에르 신부의 앞날도 쉽지 않아 보입니다. 지난한 길이지만 그는 마지막까지 포기하지 않고 그 어려운 길을 묵묵히 걸어갈 것입니다. 나는 나의 길을 어떻게 가고 있습니까?

14주

평생 머무를 것처럼, 당장 떠날 것처럼

    브뤼기에르 신부는 파리 본부 지도자 신부들에게 조선 전교에 대한 자기 의사와 결심을 밝혔고, 그와 동시에 로마 교황청 포교성성에도 별도의 편지를 써서 조선 선교사로 파견을 청원하였습니다. 또한 그는 자신의 장상인 시암 대목구장 플로랑 주교와도 상의하였습니다. 플로랑 주교는 브뤼기에르 신부의 열정에 감동하여 그를 조선으로 보내는 데 동의한다는 서한을 로마 포교성성과 파리외방전교회에 보냈습니다. 플로랑 주교가 파리 본부에 보낸 서한에서 당시의 분위기를 다소 느낄 수 있습니다.

"시암 대목구장 후임자를 정해 달라고 해 놓고는 이내 다른 선교지로 보낸다니 머리가 돌았다고 생각할지도 모르겠으나, 선교사와 선교지에 보내는 애긍이 지금보다 더 많았던 때가 없었으며, 하느님의 큰 영광에 관계된 일에서 하느님의 섭리가 구원해 주시리라 믿지 않는다면 그것은 곧 하느님을 욕되게 하는 것입니다."(『교회사 2』, 235쪽).

브뤼기에르 신부는 1829년 5월 28일 갑사 명의의 주교이자 시암 대목구 부주교로 임명되었고, 시암 대목구장의 위임을 받아 1831년 4월 21일부터 페낭에서 말레이반도 지역의 사목을 담당했습니다.

소 주교가 남긴 글(『여행기』, 37쪽)

조선 전교를 열망하는 소 주교의 간절한 소망이 그의 편지들에서 잘 드러납니다.

교황 성하께 간청하오니, 저의 소명을 검토해 주옵소서. 교황 성하께서 이에 동의하시오면 제가 그토록 중요한 일을 하기 위해 출발하도록 명을 내려주시옵기 바라나이다. 저는 제 뜻대로 처신할 수가 없사옵니다. 저는 하느님의 뜻을 따르고자 하옵니다. 하늘의 명령에 복종하며 그것을 수행하나이다. 하느님의 뜻이 공표되기를 기다리면서, 저는 제가 속한 선교지에서 평생을 머무르게 되어 있는 것처럼 온 힘을 다해 제 임무를 수행할 것이오며, 한편으로는 당장이라도 떠나야 하는 것인 양 언제나 준비하고 있을 것이옵니다.

마음에 그려 보기

평생 머무를 것처럼 빈틈없고 성실하게 일하면서도 지금 당장이라도 떠날 것처럼 무언가에 애착하지 않는 자세로 살았던 소 주교의 모습을 되새겨 봅시다.

말씀 읽기 (마르 13,33-37)

소 주교의 이런 자세는 하느님 나라의 완성을 위해 늘 깨어 있는 사람의 모습과도 같습니다. 예수님은 우리 모두에게 "깨어 있어라." 하고 말씀하십니다.

"너희는 조심하고 깨어 지켜라. 그때가 언제 올지 너희가 모르기 때문이다. 그것은 먼 길을 떠나는 사람의 경우와 같다. 그는 집을 떠나면서 종들에게 권한을 주어 각자에게 할 일을 맡기고, 문지기에게는 깨어 있으라고 분부한다. 그러니 깨어 있어라. 집주인이 언제 돌아올지, 저녁일지, 한밤중일지, 닭이 울 때일지, 새벽일지 너희가 모르기 때문이다. 주인이 갑자기 돌아와 너희가 잠자는 것을 보는 일이 없게 하여라. 내가 너희에게 하는 이 말은 모든 사람에게 하는 말이다. 깨어 있어라."

주간 묵상

소 주교에게서 우리는 깨어 있는 이의 모습을 볼 수 있습니다. 나에게 깨어 있다는 것은 어떤 의미인가요? 나는 어떠한 자세로 살아가고 있나요?

15주

초대 조선 대목구장

그레고리오 16세 교황은 1831년 9월 9일 칙서를 반포하여 조선 대목구를 설정하고 갑사 명의의 소 주교를 초대 조선 대목구장으로 임명하였습니다. 하지만 소 주교는 이 사실을 거의 1년 뒤인 1832년 7월 25일이 되어서야 파리 본부의 신학교 지도자 가운데 한 명인 뒤브와 신부에게서 온 서한을 통해 비로소 명확하게 알게 되었습니다. 이제 소 주교가 그토록 바라던 조선 전교의 길이 열렸습니다.

하지만 소 주교는 조선으로 떠나기 전에 해결해야 할 일이 있었습니다. 먼저 교황 칙서를 자신이 직접 받아야 했고, 초대 조선 대목구장의 자격으로 그때까지 조선 선교지에 재치권을 행사하던 남경 교구장이면서 북경 교구장 서리를 겸하고 있던 피레스 페레이라 주교에게 임명장을 제시하는 절차가 필요했습니다. 조선 교우들에게도 이 사실을 알려야 했고요. 그러기 위해 소 주교는 마카오로 가야 했습니다.

1832년 10월 18일 마카오에 도착한 소 주교는, 이사한 파리외방전교회 대표부(이하 파리외방 대표부)를 찾지 못해 포교성성 대표부를 찾아갑니다. 소 주교는 그곳의 움피에레스 신부로부터 너무도 뜻밖의 이야기를 듣습니다. 파리 본부에서는 소 주교가 파리외방전교회를 떠나 포교성성에서 파견한 선교사 자격으로 조선으로 가려고 한 것으로 여겨, 파리외방 대표부의 르그레즈와 신부에게 소 주교를 받아들이지 말라는 지시를 내렸다는 것이었습니다. 아마도 파리 본부에서는 소 주교를 제명한 듯합니다.

사흘 뒤 소 주교는 파리외방 대표부를 찾아가 교황청에서 보낸 칙서들과 파리외방전교회의 1832년 2월의 공동 서한과 파리 본부 신학교 지도자 신부들이 보낸 1832년 3월 12일 자 편지를 받았습니다.

그 후 초대 조선 대목구장의 자격으로, 소 주교는 연락원 왕 요셉을 북경으로 파견해 피레스 페레이라 주교에게 자신이 조선 대목구장 직무에 취임했음을 알리는 서한과 조선 교우들에게 보내는 사목 서한을 전합니다.

소 주교가 남긴 글(『여행기』, 79-81쪽)

소 주교가 조선 대목구장으로서 교우들에게 보낸 첫 편지의 내용을 『여행기』를 통해 읽어 봅니다. 표현이 편지와 다소 다르지만, 소 주교의 생각은 잘 전달됩니다.

여러분의 소원이 드디어 이루어졌습니다. 천주님께서 여러분의 기도를 들어주셨습니다. 자비로우신 천주님께서 여러분에게 선교사들과 주교 한 사람을 보내십니다. 이 특은을 받은 자가 바로 저입니다. 나는 여러분 가운데서 살다가 죽기 위해 곧 출발합니다. 여러분의 왕국에 유럽인을 맞아들이면서 생겨날 어려움 때문에 겁내지 마십시오. 천주님께 이 큰 사업을 맡기십시오. 그분의 천사들과 성인들에게 기도하고, 특히 성모님의 든든한 보호를 청하십시오. 당신 사업을 시작하신 주님께서 성공리에 그 일을 끝내실 것입니다.

마음에 그려 보기

소 주교는 조선 대목구가 설정되고 자신이 초대 대목구장으로 임명되었다는 기쁜 소식을 첫 사목 서한으로 알립니다. 비록 몸은 아직 이역만리 멀리 있지만, 마음은 "여러분 가운데서 살다가 죽기 위하여" 지체 없이 길을 떠나 이미 조선에 와 계신 소 주교를 그려 봅시다.

말씀 읽기 (루카 13,31-33)

인류 구원을 위한 예수님의 여정에도 많은 어려움이 있었습니다. 예수님을 정적으로 여긴 헤로데가 그분을 죽이려고 했지만, 그분은 걸어오신 그 길을 계속 가십니다.

바로 그때에 바리사이 몇 사람이 예수님께 다가와, "어서 이곳을 떠나십시오. 헤로데가 선생님을 죽이려고 합니다." 하고 말하였다. 그러자 예수님께서 그들에게 이르셨다. "가서 그 여우에게 이렇게 전하여라. '… 오늘도 내일도 그다음 날도 내 길을 계속 가야 한다. 예언자는 예루살렘이 아닌 다른 곳에서 죽을 수 없기 때문이다.'"

주간 묵상

소 주교가 그토록 갈망했던 조선 전교의 길은 열렸지만, 소속 공동체로부터 제명당하는 엄청난 일이 벌어졌습니다. 그럼에도 소 주교는 초대 조선 대목구장으로서 묵묵히 자신의 일을 하며 조선 교회의 기틀을 질서 있게 잡아 갑니다. 어떤 상황에서도 흔들리지 않고 꿋꿋하게 살아가려면 어떤 마음가짐이 필요할까요?

16주

동행

"성공은 아마도 불가능하다고들 합니다."

"그럼, 불가능한 것을 시도해 보아야지요."

"알려진 길이 전혀 없습니다."

"길을 하나 만들어야지요."

"아무도 주교님과 동행하지 않을 것입니다."

"그건 두고 봐야지요."(『여행기』, 31쪽).

조선 입국은 위험한데 안전한 경로를 도르니 실패할 게 뻔하고, 당연히 함께할 사람도 없을 거라는 사람들의 우려에 소 주교는 자신의 생각을 위와 같이 답했습니다.

소 주교가 페낭을 떠나려던 1832년 8월, 페낭 신학교 교수 샤스탕 신부가 그 여정에 동행을 청해 왔습니다. 그러나 조선행을 둘러싼 모든 상황이 불확실한 탓에, 소 주교는 훗날 일이 잘되어 가면 그를 부르겠다고 약속했습니다.

그 무렵 샤스탕 신부는 소 주교에게 병 때문에 페낭 신학교를 막 그만둔 중국인 왕 요셉을 소개하며 그를 페낭에 사는 중국 출신 교우들의 전교회장 자리에 추천했습니다. 싱가포르까지 소 주교를 따라온 요셉은 소 주교에게 동행을 간청했습니다. 소 주교는 "나는 중국이 아니라, 더 멀고 더 위험한 선교지로 파견되었답니다. 나를 따라가겠다고 고집부리면, 얼마 못 가서 죽게 될 수도 있습니다."라고 말했는데, 요셉은 하느님을 위해 생명을 내어놓기를 열망한다고 자신의 각오를 밝혔습니다(『여행기』, 63-65쪽).

이후 요셉은 소 주교와 동행하며 마지막까지 소 주교의 팔다리 같은 연락원이 됩니다. 3년여의 중국 여행 중 현지의 말도 지리도 풍습도 모르는 소 주교에게 만일 요셉이 없었다면 어떻게 되었을까 상상조차 하기 어렵습니다.

1832년 12월, 마카오에서 복안으로 가는 배에는 새 소임을 받고 사천 대목구로 가던 모방 신부도 있었습니다. 이듬해 3월 복건에 도착한 이후 모방 신부는 소 주교에게 조선에 가고 싶다는 의사를 밝히며 동행을 청했습니다. 소 주교는 복건 주교와 상의 후, 사천 주교에게 편지를 보내 모방 신부의 조선행을 허락받았습니다.

1836년 1월 모방 신부는 소 주교가 가려던 그 길을 따라 조선에 입국했고, 이듬해에는 샤스탕 신부와 제2대 조선 대목구장 앵베르 주교가 입국했으며, 이후 170여 명의 파리외방전교회 선교사가 이 땅에 입국하게 됩니다.

소 주교가 남긴 글 (『여행기』, 439쪽)

소 주교와 동행한 연락원 왕 요셉의 열정과 헌신은 자못 감동적입니다. 건강이 좋지 못했지만 왕 요셉은 언제나 하느님의 뜻, 소 주교의 뜻을 먼저 헤아렸습니다.

(1835년 9월) 8일에 요셉은 더없이 불쌍한 상태로 서만자에 도착했습니다. 그는 상처와 종기로 뒤덮여 있었습니다. 달단에서, 그리고 북경으로 가는 길에서 그가 겪은 추위에다 그가 탄 배의 습기와 비위생적인 증기가 더해져서 … 걷는 것은 고사하고 심지어 말이나 수레를 타고 길을 가는 것조차도 완전히 불가능한 상태에 있습니다. 그의 용기는 언제나 그의 힘을 넘어섭니다. 그는 현 상황에서 그의 존재가 내게 무척 필요하다는 것을 알고 있습니다. 그는 조선 국경 지대까지 나와 동행하기를 원할 뿐만 아니라, 내게 출발을 서두르라고 재촉까지 하고 있습니다.

마음에 그려 보기

소 주교는 그 누구에게도 조선 전교에 함께하자고 먼저 청하지 않았습니다. 너무 어려운 일이었기 때문입니다. 하지만 소 주교의 열정은 다른 사람의 마음을 타오르게 했습니다. 그들 모두 자발적으로 소 주교와 동행을 원했습니다. 이런 일이 일어난 상황과 과정을 그려 봅시다.

말씀 읽기 (룻기 1,16)

모압인 과부 며느리 룻은 이스라엘인 시어머니 나오미를 따라서 낯선 땅으로 함께 가겠다고 고집합니다.

그러자 룻이 말하였다. "어머님을 두고 돌아가라고 저를 다그치지 마십시오. 어머님 가시는 곳으로 저도 가고 어머님 머무시는 곳에 저도 머물렵니다. 어머님의 겨레가 저의 겨레요 어머님의 하느님이 제 하느님이십니다."

주간 묵상

"빨리 가려면 혼자 가고, 멀리 가려면 함께 가라."라는 말이 있습니다. 사람은 서로 의지하고 보완하며 살아가는 존재입니다. 소 주교가 시작한 길에 기꺼이 동행한 이들이 있었기에 그가 전하려던 길·진리·생명이 오늘 우리에게까지 전해졌습니다. 나는 지금 누구와 어떤 길을 어떤 방식으로 동행하고 있나요?

17주

오해와 겸손

1832년 2월 파리 본부에서 보낸 공동 서한에는 조선 대목구 신설과 소 주교의 조선 파견에 관한 소식 등이 실려 있었습니다. 그런데 거기에는 포교성성이 조선 전교를 파리외방전교회에 위임한 것이 아니며, 소 주교가 독단적으로 로마에 연락하여 조선으로 가겠다고 나선 행위는 파리외방전교회의 관례를 어긴 것이라는 날 선 지적이 있었습니다. 파리 본부에서 소 주교 개인에게 보낸 편지에는 그가 더 이상 파리외방전교회 소속 선교사가 아니라는 통보 성격을 지닌 내용이 담겨 있었습니다.

만일 조선 대목구가 파리외방전교회 관할 선교지로 위임된 것이 아니라 포교성성 직할 선교지로 남아 있게 된다면, 앞으로 후임 주교 및 선교사들을 누가 어디서 선발하여 조선으로 보낼 것인지 아무런 대책이 없게 됩니다. 따라서 조선 교회의 앞날도 불투명해졌습니다. 소 주교로서는 상상도 하지 못한 상황이었습니다.

소 주교는 조선 대목구가 파리외방전교회 관할 선교지로 받아들여지기를 진심으로 원했습니다. 이를 위해 소 주교는 파리 본부와 로마 교황청으로 간곡하면서도 적극적인 해명이 담긴 편지를 보냈습니다. 로마의 포교성성 장관에게 보낸 편지에는 파리외방전교회에 조선 전교를 맡겨 달라고 간청하며 자신의 처참한 심경을 고백합니다.

"성하께서 당신의 종을 조선으로 파견하시면서 이 선교지를 앞으로도 계속 우리 회에 맡겨 주실 것으로 여겼습니다. 그런데 교황님께서 이 일에 관하여 아무 결정도 하시지 않았다는 것을 제가 마카오에서 알게 되었을 때 참으로 비통한 심정이었습니다."(『서한집』, 156쪽).

파리 본부에는 자신의 행위에 대해 적극적으로 해명했습니다. 자신은 먼저 선교지의 주교들과 장상들에게 편지를 보내 대부분 긍정적인 답변을 받았고, 자신의 장상인 시암 대목구장 플로랑 주교의 충고를 듣고 나서 포교성성 장관 추기경에게 편지를 썼으며, 자신이 포교성성에 편지를 썼다는 사실을 알리는 데 소홀하지 않았음을 밝힙니다.

1835년 1월 19일, 서만자에서 소 주교는 조선 전교를 맡겠다는 파리 본부의 답신을 받았습니다. 이로써 조선 전교의 튼실한 기반이 마련되었습니다.

소 주교가 남긴 글 (『서한집』, 171쪽)

소 주교는 이번에 받은 공동 서한에드 번호를 붙여 해당 구절을 인용하면서 자신의 의견을 꼼꼼하고 명확하게 피력했는데, 그 어조는 전과 사뭇 달라졌습니다. 소 주교가 이토록 저자세를 취하게 된 이유는 그가 그토록 함께하고 싶었던 조선 교회의 명운이 달려 있었기 때문입니다.

정말 유감입니다. 진심으로 사과드립니다. 저는 무례했거나 도를 넘은 모든 말을 진심으로 취소합니다. 그러나 그것이 의도적이지 않았다는 것은 확실히 말씀드리고 싶습니다. … 그래도 조선 사람들에게 목자로 파견된 이 사람의 실수 때문에 조선 교우들이 손해 보는 일이 없도록 해 주십시오. 그들은 이미 더없이 불행한 상황인 만큼, 그들의 불행이 더욱 깊어지게 해서는 안 됩니다.

마음에 그려 보기

자신을 오해하고 제명한 파리 본부 지도자 신부들에게, 자신의 '실수' 때문에 조선 교우들에게 피해가 가지 않게 해 달라고 간청하는 소 주교의 마음을 헤아려 봅시다.

말씀 읽기(이사 52,13-15)

　소 주교의 겸손한 모습에서 '주님의 종의 노래', 특히 '주님의 종의 넷째 노래'가 떠오릅니다.

　보라, 나의 종은 성공을 거두리라. 그는 높이 올라 숭고해지고 더 없이 존귀해지리라. 그의 모습이 사람 같지 않게 망가지고 그의 자태가 인간 같지 않게 망가져 많은 이들이 그를 보고 질겁하였다. 그러나 이제 그는 수많은 민족들을 놀라게 하고 ….

주간 묵상

　자신을 오해하여 공동체에서 제명한 공동체의 지도자들에게 억울하다고 항의하는 대신, 겸허하게 사과하며 죄 없는 조선 교회와 교우들에게 피해가 가지 않게 해 달라고 간청하는 소 주교의 신앙이 놀랍습니다. 마치 자식의 앞날에 걸림돌이 되지 않을까 애끓는 어버이 마음을 닮았습니다. 나도 다른 사람을 위해서, 그리고 많은 사람의 유익을 위해서 나 자신을 낮출 수 있나요? 나를 낮추면서까지 절실하게 지키고 싶은 그 무엇이 나에게 있나요?

18주

소 주교의 조선 교회사

소 주교는 프랑스 리옹 전교후원회가 조선행 경비에 쓰도록 5,600프랑을 지원하기로 했다는 뜻밖의 소식을 마카오에서 들었습니다. 소 주교는 너무도 기쁘고 고마워서 복건으로 떠나기 전날 밤에 마카오에서 전교후원회 회원들에게 긴 편지를 씁니다. 그리고 조선 천주교회 역사에서 흥미진진한 사건들을 간추려 조선 천주교회사(이하 교회사)를 직접 써서 편지에 동봉합니다. 소 주교는 우리말 번역문으로 33쪽에 달하는 이 교회사를 『전교후원회 연보』에 게재해 줄 것을 편집장에게 부탁합니다.

소 주교가 쓴 교회사를 보면 그 자신이 먼저 조선 교회 역사에 감동했고, 그의 최고 관심사가 바로 조선이었음을 느낄 수 있습니다. 소 주교는 교회사를 이렇게 마무리합니다. "제가 말씀드린 사례들만 보아도 조선 전교에 관심을 갖게 될 것입니다. 조선 교우들이 자기네가 받은 은총을 동포들에게 베풀려는 열성, 조선 순교자들과 증거자들의 숫자와 항구한 믿음, 선교사들을 모시려고 베이징과 교황청에 간청하는 그 열성은 정말 경이롭습니다. 이런 사실들을 보면 조선 선교의 앞날은 밝습니다."(『서한집』, 229쪽).

소 주교가 남긴 글(『서한집』, 196쪽)

소 주교는 후원자들에게 조선 전교의 결과가 어떻게 되든 상관없이 언제나 스스로 만족하겠다고 말합니다.

조선 선교 결과가 어찌 되든지, 저는 언제나 자족하면서 하느님께 영광을 드리겠습니다. 저는 어떤 경우에도 자족하렵니다, 제가 일생일대 목표에 도달한다면 하느님 자비의 도구가 되는 혜택을 누린 셈이 될 것입니다. 제가 목표에 도달하지 못하고 도중에 쓰러진다면 비록 제가 쟁취하지는 못했더라도(다른 선교사들이 쟁취할) 승리의 열매를 미리 맛보며 즐길 것입니다.

마음에 그려 보기

소 주교는 자신이 목숨 걸고 시작한 일에 성공하든 실패하든 만족하겠다고 합니다. 자신이 목표에 도달하지 못하고 쓰러지더라도 언젠가 이루어질 하느님의 일을 미리 즐거워하리라는 소 주교의 마음을 떠올려 봅시다.

말씀 읽기 (필리 4,11-14)

소 주교의 태도에서 어떤 처지에서도 만족하는 법을 배웠다는 바오로 사도의 말이 떠오릅니다. 바오로 사도는 다른 교회에서 제안한 후원은 모두 거절했지만 유일하게 믿고 후원 받았던 필리피 교우들에게 이렇게 말합니다.

나는 어떠한 처지에서도 만족하는 법을 배웠습니다. 나는 비천하게 살 줄도 알고 풍족하게 살 줄도 압니다. 배부르거나 배고프거나 넉넉하거나 모자라거나 그 어떠한 경우에도 잘 지내는 비결을 알고 있습니다. 나에게 힘을 주시는 분 안에서 나는 모든 것을 할 수 있습니다. 그러나 내가 겪는 환난에 여러분이 동참한 것은 잘한 일입니다.

주간 묵상

삶은 우리가 원하는 방향으로만 흘러가지 않습니다. 그럼에도 만족하고 감사할 수 있는 것은 하느님 안에서 최선을 다했다는 의미이기도 합니다. 소 주교는 조선 교회를 위해 최선을 다했고 어떤 희생도 마다하지 않았습니다. 그리고 조선 교우들이 져야 할 십자가마저도 함께 지고 싶었습니다. 그러기에 그는 결과에 연연하지 않습니다. 그다음의 일은 하느님께서 이끄실 것이기 때문입니다. 우리는 최선을 다한 뒤 하느님께 맡겨 드리나요?

19주

조선으로 가는 여정

 조선 대목구장으로서의 법적 취임 절차를 마친 소 주교는 조선으로 가는 여로를 정해야 했습니다. 그러나 당시 중국 교회의 교구 조직 전반을 관할하는 권한을 가진 포르투갈 선교사들의 비협조적인 태도로 소 주교의 조선행은 시작부터 난관에 부딪쳤습니다. 성 요셉 신학교를 운영하던 포르투갈 라자로회 선교사들은 소 주교가 조선 선교를 자원했다는 소식을 처음 들었을 때는 환영하며 도움을 약속했으나, 조선 대목구가 설립되고 소 주교가 초대 대목구장이 되었다는 사실을 알고 나서는 그 약속을 이행하지 않았습니다. 포교성성 대표부 움피에레스 신부의 주선으로 소 주교는 그들로부터 남경으로 직접 가도 좋다는 허가를 받았습니다(나중에 올 선교사들에게는 이마저 허용되지 않았습니다.).

소 주교는 직접 남경으로 가는 배를 구하지 못해, 복건을 거쳐 남경으로 가기로 했습니다. 남경 교구 총대리 카스트로에 무라 신부에게 안내인을 소개받고자 했으나, 소 주교는 별 도움을 받지 못한 채 북경으로 향했습니다. 그런데 이 길은 이동 경로 중간 지점에 교우 마을이 없어 이국 선교사에게는 무척 위험한 길이었습니다.

소 주교가 남긴 글 (『서한집』, 190쪽)

소 주교는 프랑스 리옹 『전교후원회 연보』 편집자와 전교후원회원들에게 보낸 편지에서 조선으로 가는 방법에 대해 이야기합니다. 조선으로 가는 길로는 육로와 해로가 있는데, 해로는 거리가 짧으나 실행이 불가능하고, 육로는 중국 전역을 종단해야 하고 광활한 만주 벌판을 지나야 하기에

녹록지 않은 거리였습니다. 소 주교는 그나마 육로가 더 안전하고 확실한 방법이라 여겼습니다.

조선은 멀고 숨겨진 나라입니다. 입국이 거의 불가능합니다. 말과 풍습을 모릅니다. 그 밖에도 여러 가지 난관과 위험이 있습니다. 그러니 조선 선교는 어려울 수밖에 없습니다. 조선으로 가는 길은 육로와 해로가 있지만 둘 다 위험합니다. 육로로는 넓은 중국 대륙을 주파하고 몽골 일부를 통과한 다음에 발해만 주변 광활한 지역을 지나서 마침내 조선 북부 지역으로 잠입할 수 있습니다. … 생김새, 서툰 발음, 이상한 행동 등 모든 것으로, 하다못해 침묵으로도 선교사의 정체가 탄로 날 수 있습니다. … 조선은 국경을 단단히 지킵니다. 외국인들은 입국할 수 없고 몰래 잠입하다가 발각되면 사형을 당합니다. … 황해를 건너는 해로는 육로보다 짧기는 하지만 실현할 방도가 없습니다. 조선과 통상하는 나라가 없습니다. … 어쩌다 조선으로 향하는 배를 만나더라도 승선하는 것은 현명치 못합니다.

왜냐하면 조선 해변에 닿자마자 외교인들의 처분에 맡겨질 것이기 때문입니다.

마음에 그려 보기

선교사의 정체가 탄로 나면 선교사 자신이 사형당할 뿐만 아니라 자신에게 도움을 준 이들과 교회 전체에까지 박해를 불러올 수 있기에, 당시 선교사는 운신의 여지가 거의 없었습니다. 그럼에도 조선 교우들의 신앙생활을 위해 자신이 누릴 수 있는 자유를 반납하고 스스로 위험한 상황을 선택한 소 주교의 마음을 헤아려 봅시다.

말씀 읽기(1코린 9,19-23)

바오로 사도는 로마 시민권을 가진 온전한 자유인이지만, 되도록 많은 사람의 구원을 위해 스스로 종이 되었고, 모든 이에게 모든 것이 되었다고 합니다.

나는 아무에게도 매이지 않은 자유인이지만, 되도록 많은 사람을 얻으려고 스스로 모든 사람의 종이 되었습니다. 유다인들을 얻으려고 유다인들에게는 유다인처럼 되었습니다. 율법 아래 있는 이들을 얻으려고, 율법 아래 있는 이들에게는 율법 아래 있지 않으면서도 율법 아래 있는 사람처럼 되었습니다. … 약한 이들을 얻으려고 약한 이들에게는 약한 사람처럼 되었습니다. 나는 어떻게 해서든지 몇 사람이라도 구원하려고, 모든 이에게 모든 것이 되었습니다. 나는 복음을 위하여 이 모든 일을 합니다.

주간묵상

소 주교가 무수한 난관과 위험이 따름에도 불구하고 조선 입국을 감행하고자 했던 까닭은 목자 없이 방황하는 조선 교우들과 하루빨리 함께하고자 했기 때문입니다. 모든 이를 위해 스스로 모든 것이 되고자 했던 바오로 사도처럼 소 주교 역시 모든 조선 교우들의 구원을 위해 스스로 모든 것이 되어 고난의 길로 들어섰던 것입니다. 나는 내게 주어진 자유를 누구를 위해 사용하나요?

20주

힘내자, 오늘은 죽지 말아야지

조선으로 향하는 소 주교의 여정은 험난했습니다. 1832년 12월 17일 밤 10시에 마카오에서 타려고 했던 복건행 배의 선원들은 소 주교 일행의 물건을 훔쳤습니다. 이를 항의하자 선원들은 되레 자신들의 명예 회복을 강하게 요구했습니다. 진실을 거스르지 않으면서도 그들 요구를 들어주기 위해 도둑맞지 않은 한 사람이 확인서를 써 주기까지 해야 했습니다.

이틀 후, 일행은 '가냘픈 쪽배'를 타고 복건으로 향했는데, 복건행 배에는 각자 임지로 가는 일곱 명의 선교사가 함께했습니다. 그들은 선장의 우격다짐으로 한 달 치 식량만을 공급받았는데, 그 항해는 75일이나 걸렸습니다. 그 부족한 식량마저 뱃사람들이 훔쳐 가 원치 않은 혹독한 단식을 하는 그 일행을 보고, 사람들은 "이 사람들은 왜 식량을 사지 않는 거야? 돈도 있는데 말이야."라고 비웃었습니다.

소 주교는 바람, 비, 조수, 해적에 대한 두려움 등 모든 것이 항해를 저지했다고 말합니다. 다른 외양으로 인해 사람들의 눈에 띄면 안 되는데, 당시 밀수꾼 검거를 위한 불심검문까지 잦아 배 안에서도 숨어 있어야 했습니다. 게다가 여행 경비로 받은 동전(피아스터)마저 거의 통용되지 않아 애를 먹기도 했습니다.

1833년 7월 31일, 배에서 내려 육로로 북상할 때는 한여름의 푹푹 찌는 더위와 허기, 갈증으로 고통을 겪었지만, 소 주교가 서양인이라는 사실이 드러날까 두려워 주막에서도 쉴 수 없었습니다.

절강성에서 산서성의 경계 지역까지 뻗은 화북 평원 지대를 종단한 소 주교 일행은 8월 13일에 황하를 건너 산동에 도착했는데, 소 주교는 병으로도 고통받았습니다.

소 주교가 남긴 글(『여행기』, 183-185쪽)

소 주교는 산동 지방에서 병이 나서 사경을 헤맸던 일을 『여행기』의 1833년 8월 17일 자에 이렇게 기록했습니다.

> 우리가 강으로 들어섰을 때 나는 보통 때보다 훨씬 심하게 열이 오르는 고통을 겪었습니다. 나는 불타는 갈증 때문에 매우 괴로웠습니다. … 나는 물을 달라고 하였습니다. 그러나 내게 물을 줄 수 있거나 주려고 하는 자는 아무도 없었습니다. … 그런데 나는 내가 누워 있던 나무 널빤지 아래로 손을 슬며시 집어넣었다가 배 바닥에 물이 스며든 것을 알아냈습니다. 나는 이런 발견을 했다는 것이 몹시 기뻤습니다. 나는 여러 번 손가락을 물에 적셨다가 그것으로 혀와 입술을 축였습니다. 그때 나는 나쁜 부자를 떠올렸고, 그의 처지보다는 내 처지가 훨씬

나은 것으로 여겼습니다. 나는 숯불 위에 누워 있지도 않았고, 내 혀의 갈증을 풀어 줄 물이 여러 방울 있었습니다. … 나는 스스로 다짐하였습니다. "힘내자, 오늘은 죽지 말아야지."

마음에 그려 보기

사경을 헤매는 소 주교에게 물 한 모금 주는 사람이 없었지만, 소 주교는 배 바닥으로 스며든 물을 손가락에 적셔 혀와 입술을 축이고서는 '부자와 라자로의 비유'(루카 16,19-31)를 떠올립니다. 그 비유 속의 부자보다는 자신이 더 나은 처지라고 자위하며, 그 힘겨운 상황을 견디어 내는 소 주교의 모습을 그려 봅시다.

말씀 읽기 (2코린 11,26-28)

바오로 사도는 '많은 사람이 속된 기준으로 자랑하니' 자신도 속된 기준으로 자랑해 보겠다면서 사도로서 겪었던 고난을 이렇게 말합니다.

여행하는 동안에 늘 강물의 위험, 강도의 위험, 동족에게서 오는 위험, 이민족에게서 오는 위험, 고을에서 겪는 위험, 광야에서 겪는 위험, 바다에서 겪는 위험, 거짓 형제들 사이에서 겪는 위험이 뒤따랐습니다. 수고와 고생, 잦은 밤샘, 굶주림과 목마름, 잦은 결식, 추위와 헐벗음에 시달렸습니다. 그 밖의 것들은 제쳐 놓고서라도, 모든 교회에 대한 염려가 날마다 나를 짓누릅니다.

주간 묵상

소 주교는 사경을 헤매면서도 "힘내자, 오늘은 죽지 말아야지."라고 다짐했습니다. 단순히 오래 살기 위해서가 아니라, 조선 교우들과 함께해야 한다는 자신의 소명을 다하기 위해 생명의 끈을 놓지 않으려고 사투를 벌였습니다. 나는 지금 무엇을 위해 살아가며 또 무엇을 위해 죽을 수 있나요? 그리고 생명의 소중함도 생각해 봅시다.

| 21
| 주

직예 교우들의 외면

 삼천 리가량을 종단한 소 주교는 탈진하고 병난 몸을 이끌고 1833년 8월 26일 산동과 직예 지방의 경계에 위치한 교우촌에 도착했습니다. 소 주교는 그곳에서 3주 동안 몸져누웠다가 원기를 회복하여 다시 길을 떠나려고 했지만, 이내 새로운 난관에 부딪히고 맙니다. 소 주교 일행이 서양인이 없는 중국 남부 지역을 통과해 일대 혼란을 일으켰고 위험에 처하기도 했다는 소문 때문입니다.

 그곳 교우들은 소 주교가 북경이나 만주로 가게 되면 소 주교를 도와준 자신들도 위험에 처하게 될 것이라고 여겨 소 주교의 여행을 반대하며 왔던 길로 되돌아갈 것을 종용했고, 그곳 중국인 사제는 소 주교를 사제관에 붙어 있는 작은 채소밭에도 못 나가게 가택 연금을 시켰습니다.

소 주교는 북경의 피레스 페레이라 주교에게 도움을 청했으나, 중국 조정의 허락 없이 북경에 들어오면 위험하니 산서로 가라는 편지를 받았습니다. 결국 북경행을 포기한 소 주교는 9월 29일 산서를 향해 다시 길을 떠났고, 그곳에서 1년 정도 머물면서 조선 교우들과의 접촉을 시도하였습니다.

소 주교가 남긴 글 (『여행기』, 197-199쪽)

교우촌의 사제와 교우들마저 자신이 떠나기를 간절히 바라는 불미스러운 상황에 처하게 됐지만 소 주교는 하느님의 섭리를 믿고 계속해서 전진해야 한다고 생각합니다.

"각하, 각하께서는 더 이상 나아가실 수 없습니다. 위험들이 크고 분명합니다. 아무도 각하를 모시고 갈 용기를 내지 않을 것입니다. 각하께서는 오셨던 길로 되돌아가시거나, 혹은 산서나 호광 또는 마카오로 가셔야 합니다. 이 마을 교우들은 더 이상 각하를 돌보아 드리기를 원치도 않고 또 그럴 수도 없습니다. … 이렇게 되면 박해가 산서, 사천 등지까지 파급될 것입니다."

마음에 그려 보기

자신을 거부하며 '왔던 길을 되돌아가라.'고 하는 교우촌의 사제와 교우들의 말을 면전에서 들어야 했던 소 주교의 마음은 어땠을까요? 그럼에도 앞으로 나아가는 것을 포기하지 않는 소 주교의 모습을 그려 봅시다.

말씀 읽기(필리 3,12-14)

어떤 어려움에도 굴하지 않고 예수 그리스도의 소유가 되어 목표를 향하여 줄달음칠 뿐이라는 바오로 사도의 열정에서 소 주교의 열정도 함께 느껴집니다.

나는 이미 그것을 얻은 것도 아니고 목적지에 다다른 것도 아닙니다. 그것을 차지하려고 달려갈 따름입니다. 그리스도 예수님께서 이미 나를 당신 것으로 차지하셨기 때문입니다. 형제 여러분, 나는 이미 그것을 차지하였다고 여기지 않습니다. 그러나 이한 가지는 분명합니다. 나는 내 뒤에 있는 것을 잊어버리고 앞에 있는 것을 향하여 … 그 목표를 향하여 달려가고 있는 것입니다.

주간 묵상

망설인다는 것은 두렵다는 뜻입니다. 주저한다는 것은 사랑하지 않는다는 뜻입니다. 소 주교가 수많은 반대와 회유 앞에서도 망설이거나 주저하지 않고 앞으로 나아갈 수 있었던 것은 죽음의 두려움조차 그의 사랑을 막을 수 없었기 때문입니다. 하느님을 사랑하고 조선 교회를 사랑하는 그에게 '조선 입국'은 포기할 수 없는 절체절명의 도전이었습니다. 지금 내가 겪고 있는 어려움 앞에서 망설이거나 주저하고 있지는 않은지요?

22주

재치권자의 방해

 산서 대목구에 머물러 있던 소 주교는 북경에 다녀온 왕 요셉으로부터 피레스 페레이라 주교의 편지를 전해 받았습니다. 피레스 페레이라 주교는 편지에서 소 주교를 돕고 싶지만, 요동 신자들이 소 주교를 받아들이려 하지 않으며, 소 주교가 북경으로 오는 시기도 적절하지 않았다고 밝혔습니다. 그러나 얼마 후 피레스 페레이라 주교가 요동 신자들에게 편지를 보내 자신이 승인한 편지 없이는 어떤 신부도 받아들이지 말라고 지시한 사실을 알게 되었습니다.

 왕 요셉이 조선 교우들에게 보내는 소 주교의 서한을 조선 교우들에게 전달하지 못한 이유도 1833년 연말에 북경으로 오던 조선 교우들이 유방제(중국명 여항덕) 파치피코 신부를 입국시키기 위해 조선으로 돌아가 버렸기 때문이었습니다. 이런 일들을 겪으면서 소 주교는 피레스 페레이라 주교와 유 신부 등이 소 주교의 조선 입국을 가로막아, 끝내 조선 대목구 설정을 무산시키려 한다고 여기게 되었습니다.

당시 피레스 페레이라 주교 등 포르투갈 선교사들은 소 주교가 조선 땅에 발을 디뎌야 비로소 소 주교에게 조선 대목구 관할권이 생긴다고 여겨서 가능한 한 소 주교가 조선에 도착하지 못하게 하여, 그들의 재치권을 지키고자 했습니다. 유 신부도 그들의 영향권하에 있었던 것 같습니다.

피레스 페레이라 주교는 소 주교가 중국 지역을 여행하면서 주교로서 가장 기본적인 직무를 수행할 권한마저 허가하지 않았습니다. 당시 전례 규범에 따르면 재치권자의 허가 없이는 그 지역에서 미사와 성사를 집전할 수 없었습니다.

소 주교가 남긴 글(『교회사연구 제44집』, 207쪽)

소 주교는 1834년 9월 20일 포교성성 장관에게 보내는 편지에서 가장 기본적인 것들을 허가받습니다.

> 저는 저와 함께 길을 가거나 조선 가까이에서 저와 함께 거주하게 될 사제들과 교우들의 고백을 듣고, 그들에게 성사를 집전할 특별 권한을 청합니다. 또한 제 사제들도 저에 대하여 같은 것을 할 수 있도록 청합니다. … 저는 이 권한을 지극히 저명한 남경 주교님께 청하였으나, 그는 허락하지 않았습니다. 그는 다른 문제들에는 대답하였지만, 그 청원에는 깊이 침묵하였습니다.

마음에 그려 보기

피레스 페레이라 주교의 소극적인 방해와 요동 신자들의 박해에 대한 두려움 등으로 소 주교의 고통은 더욱 커졌습니다. 같은 하느님을 섬기는 성직자와 신자들에게 거부당한 소 주교의 마음을 헤아려 봅시다.

말씀 읽기 (마르 9,33-35)

열두 제자도 누가 더 높은가를 두고 논쟁했습니다. 예수님은 첫째가 되려면 꼴찌가 되어야 한다고 하십니다.

> 예수님께서는 집 안에 계실 때에 제자들에게, "너희는 길에서 무슨 일로 논쟁하였느냐?" 하고 물으셨다. 그러나 그들은 입을 열지 않았다. 누가 가장 큰 사람이냐 하는 문제로 길에서 논쟁하였기 때문이다. 예수님께서는 … 말씀하셨다. "누구든지 첫째가 되려면, 모든 이의 꼴찌가 되고 모든 이의 종이 되어야 한다."

주간 묵상

우리는 사회적인 영향력을 가지고 싶어 합니다. 권력자가 자신의 영향력을 즐기는 것을 보기도 합니다. 심지어 봉사하는 사람도 그 봉사 행위를 통해 영향력을 행사하고자 하는 무의식을 지니고 있다고 합니다. 나의 말과 행동이 어떤 영향력 행사와 관련된 것은 아닌지 성찰합시다.

23주

짝사랑

　포교성성의 회의록에 의하면 유방제 신부는 소 주교의 조선 입국을 준비하기 위해 파견됐고, 조선 교우들은 1811년부터 선교사를 보내 달라는 청원을 해 왔기에, 소 주교는 조선 교우들이 자신의 입국을 당연히 반길 것으로 생각했습니다. 첫 사목 서한에 "여러분의 소원이 이미 이루어졌습니다."라고 밝히며, 조선에 무사히 입국하는 것만 생각하고 있던 1834년 8월 29일, 소 주교는 조선 교우들에게 뜻밖의 편지 2통을 받았습니다.

　약 1년 전 같은 날 작성된 두 편지에는 유진길의 서명이 있었습니다. 편지의 내용은 미묘하게 달랐는데, 짧은 편지에는 조선에 부임하는 소 주교와 그를 파견한 교황님께 감사드리며, 국경을 넘는 방법은 소 주교의 뜻을 따르겠다고 했습니다. 그러나 긴 편지에는 소 주교의 외모와 물색이 조선인과 다르고, 조선의 정세가 더 나빠졌으니 교황님의 친서, 푸짐한 선물과 진상품을 조정에 바쳐 교화를 청하는 방법으로 입국을 허락받아 달라는 제안이 담겼습니다.

비록 완곡한 어법이긴 하지만, 조선 임금이 소 주교를 공개적으로 입국하도록 허락하지 않는 한 소 주교를 영접하기 어렵다는 의미였습니다. 소 주교는 그날 산서 주교관에서 포교성성 장관 프란소니우스 추기경에게 조선 입국에 대한 노력과 계획을 편지로 썼습니다.

소 주교가 남긴 글(『서한집』, 281쪽)

소 주교는 프란소니우스 추기경에게 쓴 편지에서 자신의 노력과 실망감을 이렇게 전합니다.

저희는 여러 해 동안 여러 지역들을 돌아다녔고, 노역을 견뎠으며, 위험을 무릅썼습니다. 그리고 저희만큼 교황님께서도 그들을 위해 매우 비싼 대가를 치르셨으며, 경건한 그리스도인들도 그렇게 했으나, 저희는 관문에 도달했을 때, 기다리던 소식은 전혀 듣지 못하고 비참하게도, "돌아가시오! 당신들이 원하는 곳으로부터 물러나시오! 먼저 임금의 허가장을 얻지 않고서는 우리는 당신들을 받아들일 수 없소"(라는 말을 들으며) 쫓겨나고 말았습니다! … 산과 바다도 넘고, 청하던 바(선교사들과 주교)도 얻었지만, 그들은 무지하게도 위험에 대한 공포로 포기하고 말았습니다.

마음에 그려 보기

조선 전교를 자원한 소 주교는 파리외방전교회 지도자들의 오해로 제명당해 마카오의 파리외방 대표부에서 묵을 수 없었고, 재치권을 가진 피레스 페레이라 주교 등의 방해로 먼 길을 돌아가야 했습니다. 직예 지역의 교우들은 소 주교에게 되돌아갈 것을 종용했고, 그곳의 중국인 사제는 거의 1

년 동안 소 주교를 감금하다시피 했습니다. 소 주교는 이 모든 것을 조선 전교를 향한 일념으로 견뎠지만, 조선 교우들마저 자신의 입국을 원하지 않는 듯한 내용의 편지를 보내자 크게 실망했습니다. 당시 소 주교의 마음은 어땠을까요? 그 마음을 헤아려 봅시다.

말씀 읽기 (호세 11,1-5)

하느님도 배신당한 사랑에 아파하십니다. 사랑의 회복을 위해 하느님은 호세아 예언자를 당신 백성에게 보내시고, 그의 삶과 예언으로 당신의 사랑을 보여 주십니다.

이스라엘이 아이였을 때에 나는 그를 사랑하여 나의 그 아들을 이집트에서 불러내었다. 그러나 내가 부를수록 그들은 나에게서 멀어져 갔다. 그들은 바알들에게 희생 제물을 바치고 우상들에게 향을 피워 올렸다. 내가 에프라임에게 걸음마를 가르쳐 주고 내 팔로 안아 주었지만 그들은 내가 자기들의 병을 고쳐 준 줄을 알지 못하였다. 나는 인정의 끈으로, 사랑의 줄로 그들을 끌어당겼으며 젖먹이처럼 들어 올려 볼을 비비고 몸을 굽혀 먹여 주었다. 그러나 그들은 이집트 땅으로 돌아가고 아시리아가 바로 그들의 임금이 되리니 그들이 나에게 돌아오기를 마다하였기 때문이다.

주간 묵상

다양한 인간관계에서 타인을 향한 자신의 사랑이 보답받지 못했다는 느낌을 받은 적이 있나요? 온 마음을 다해 정성껏 상대를 대했지만, 무관심하거나, 몰라주거나, 대수롭지 않게 여기는 짝사랑을 경험한 적이 있나요? 그런 경우 어떻게 말하고 행동했나요? 반면에 지금까지 나를 진정으로 사랑해 주시는 하느님과 진정으로 나를 사랑해 주는 이들의 마음을 알고 소중히 여기고 있나요? 그 사랑에 어떻게 응답하고 있나요?

24주

준비 완료

 서만자 교우촌에 도착해 석 달쯤 지난 1835년 1월 9일, 소 주교는 조선 교우들과 교섭하기 위해 왕 요셉에게 신임장을 써 주고 전권 대사로 임명하여 북경으로 다시 파견했습니다. 그달 19일에 왕 요셉과 조선 교우들의 첫 회담이 이뤄졌습니다. 요셉은 소 주교가 쓴 신임장을 조선 교우들에게 보여 주었는데, 신임장에는 다음의 내용도 담겨 있었습니다.

 "여러분이 여러분의 주교를 받아들이기를 원하는지 아닌지를 솔직히 밝히십시오. 애매하거나 조건이 붙은 모든 대답이나 좀 더 숙고할 시간을 달라는 청은 모두 회피하고 부정적인 대답으로 간주할 것이고, 당장 교황님께 편지를 써서, 교황 성하께서 여러분에게 보냈으며 또한 여러분이 직접 청하기도 한 주교를 여러분이 받아들이려 하지 않는다고 보고하겠습니다. 내가 여러분에게 쓴 장문의 편지를 꼼꼼히 읽고 또 읽어 보고, 에두르는 말과 찬사를 곁들이지 말고 명료하고 간단한 회답을 곧 보내 주십시오."(『여행기』, 331쪽).

소 주교의 글을 읽은 조선 교우들은 놀랐고 충격을 받았습니다. 이틀 후 조선 교우들은 그해 음력 11월에 소 주교를 영접하고 다음 해에 요셉을 입국시키겠다는 약속의 편지를 썼습니다. 그 후 요셉은 소 주교의 지시대로 조선 교우들을 남경 주교에게 데리고 가서 소 주교를 받아들이기로 결정한 사실을 공식적으로 밝혔습니다. 남경 주교는 소 주교가 조선에 입국하기까지는 자신에게 재치권이 있다고 여겨 소극적인 방법으로 방해해 왔기 때문입니다.

소 주교는 파리 본부에서 조선 대목구를 맡기로 한 결정 소식을 서만자에서 1835년 1월 19일에 받은 편지로 비로소 알게 됩니다. 이에 소 주교는 2월 8일에 "조선 선교지를 우리 회에 맡겨 주신 하느님의 섭리에 감사합니다."라고 르그레즈와 신부에게 편지를 씁니다. 이제 안심하고 조선 대목구의 후일을 도모할 수 있게 되었습니다. 그간 조선 대목구 미래를 준비하면서도 소 주교의 마음 한구석은 무거웠습니다. 조선 전교를 지원한 모방, 샤스탕 등 동료 사제들에게도 확답을 하기가 망설여졌을 것입니다.

그리고 사천 대목구 소속의 앵베르 신부가 조선 선교사로 뽑히게 되었다는 소식을 들은 소 주교는 10월 2일 파리 본부 랑글루아 신부에게 앵베르 신부를 조선 대목구 교구장서리나 부주교로 임명해 달라고 청합니다.

소 주교가 남긴 글(『여행기』, 383-385쪽)

자신의 조선 입국에 대한 논란을 일단락시킨 소 주교는

다음과 같이 조선 교우들의 용기를 북돋아 줍니다.

> 하느님의 보호 아래 여러분 자신을 맡기십시오. … 그리고 여러분들이 내린 용감한 결의를 용기와 자신감을 가지고 실행하십시오. 우리는 하느님의 섭리에 우리 자신을 내맡겨야 하지만 또한 그 섭리를 도와드리기도 해야 합니다. 하느님의 섭리는 우리 없이는 아무것도 하지 않으실 것입니다. 여러분은 선하신 하느님께서 친히 시작하신 사업을 잘 끝내시리라 확신하면서 그분의 이끄심에 전적으로 의탁하십시오.

마음에 그려 보기

자신이 속한 파리외방전교회에서부터 최종 목적지 조선 교회에 이르기까지 자기편이 없는 그야말로 고립무원孤立無援·사면초가四面楚歌의 처지가 되었을 때도, 흔들림도 망설임도 없이 조선 전교의 기틀을 마련했으며, 끝내 교우들에게 용기를 주는 소 주교의 당당한 모습을 그려 봅시다.

말씀 읽기(묵시 21,5-6)

하느님의 뜻이 다 이루어진 완성된 상황을 요한 묵시록에서는 이렇게 표현합니다.

> 어좌에 앉아 계신 분께서 말씀하셨습니다. "보라, 내가 모든 것을 새롭게 만든다." 이어서 "이것을 기록하여라. 이 말은 확실하고 참된 말이다." 하신 다음, 또 나에게 말씀하셨습니다. "다 이루어졌다. 나는 알파이며 오메가이고 시작이며 마침이다. 나는 목마른 사람에게 생명의 샘에서 솟는 물을 거저 주겠다."

주간 묵상

소 주교의 조선 전교 준비는 완료되었습니다. 모든 준비를 마친 소 주교는 이제 '약속의 땅'에 들어가기만 하면 됩니다. 우리는 하느님의 섭리에 의탁해야 하지만, 그 섭리를 돕기도 해야 한다는 소 주교의 말씀을 묵상해 봅시다. 나는 섭리에 나를 맡기면서 동시에 섭리를 돕고 있나요?

25주

하느님 섭리의 품

 소 주교는 서만자를 떠나기 전부터 한동안 두통이 심했고 구토를 하는 등 건강 상태가 좋지 않았습니다. 원래 건강한 체질이 아닌 데다 극한과 극기의 삶으로 더 약해졌지만, 그는 건강을 핑계 대지 않았습니다. 1835년 10월 7일 서만자를 떠나 조선을 향해 출발할 때, 소 주교의 건강은 괜찮아 보였지만 바로 다음 날부터 휴식이 필요했습니다. 그래서 첫 목적지 마가자 교우촌에서 보름 정도 쉬기로 했습니다. 하지만 도착한 바로 다음 날인 1835년 10월 20일 저녁 8시경에 소 주교는 영영 우리 곁을 떠나고 맙니다.

그때까지 서만자에 남아 있던 모방 신부는 11월 1일 소 주교의 선종 소식을 듣고 즉시 길을 떠나 17일 마가자에 도착했습니다. 21일에는 교우들과 함께 장엄하게 장례 미사를 봉헌하고 시신을 안장했습니다. 그리고 교우들에게 소 주교의 중국식 성姓인 '소蘇'와 직책, 나이, 돌아가신 때를 새긴 비석을 무덤 옆에 세우도록 부탁했습니다.

소 주교가 남긴 글 (『여행기』, 449-451쪽)

건강이 좋지 않았지만, 소 주교의 의지는 마지막 순간까지 활활 타올랐습니다. 자신의 표현처럼 소 주교는 "종착지에 이를 때까지 머리를 숙이고 위험을 가로질러" 달렸습니다.

우리가 처한 상황은 아주 위태롭습니다. … 그래도 이런 여행에 운을 맡겨 보겠다고 나선 사람을 세 명이나 찾을 수 있었던 것이 다행입니다. 게다가 나는 이 위험스러운 계획의 결과에 대해서 거의 걱정하지 않습니다. 나는 나의 운명을 하느님의 두 손에 맡겼습니다. 나는 하느님 섭리의 품 안에 내 한 몸 던져, 중도에서 죽거나 불가항력에 의해 저지당하지 않는 한, 내 달음박질의 종착지에 이를 때까지 머리를 숙이고 위험들을 가로질러 달릴 것입니다.

마음에 그려 보기

  소 주교가 선종한 날의 광경을 그려 봅시다. 소 주교는 저녁 식사 후 중국인 고 신부와 즐겁게 담소를 나누다가 잠깐 누워서 눈을 붙였습니다. 일어나 더운물로 발을 씻고, 수염을 깎은 후 머리카락을 중국식으로 빗었습니다. 빗질이 끝날 무렵 심한 통증을 느껴 누웠고, 프랑스어로 예수, 마리아, 요셉을 불렀습니다. 힘들게 호흡하다 의식이 없어진 소 주교에게 가까이에 있던 고 신부가 병자성사를 드렸습니다. 임종하는 이들을 위한 기도와 다른 기도를 바치는 가운데 소 주교는 마지막 숨을 거두었습니다.

말씀 읽기 (루카 23,45-48)

예수님께서 돌아가시는 광경을 보고, 이방인이었던 백인대장은 그분이 '의로운 분'이라는 사실을 깨닫습니다.

> 그때에 성전 휘장 한가운데가 두 갈래로 찢어졌다. 그리고 예수님께서 큰 소리로 외치셨다. "아버지, '제 영을 아버지 손에 맡깁니다.'" 이 말씀을 하시고 숨을 거두셨다. 그 광경을 보고 있던 백인대장은 하느님을 찬양하며, "정녕 이 사람은 의로운 분이셨다." 하고 말하였다. 구경하러 몰려들었던 군중도 모두 그 광경을 바라보고 가슴을 치며 돌아갔다.

주간 묵상

43년의 삶을 온전히 하느님께 봉헌한 소 주교의 일생은 거룩했습니다. 그는 200여 년 전 불모지나 다름없었던 우리 교회의 미래를 내다보며 초석을 놓고 기반을 닦았습니다. 내가 받은 신앙의 유산을 어떻게 가꾸고 있나요?

26주

120년 만의 입국

　1829년 5월 19일 37세의 나이로 조선 선교사를 자원하는 첫 편지를 쓴 소 주교는 그로부터 2년여 만인 1831년 9월 9일에 조선 대목구 설정과 함께 초대 조선 대목구장이 되었습니다. 1년쯤 지난 1832년 7월 25일 그 사실을 알게 된 그는 바로 조선으로의 여정을 시작하여 1835년 10월 20일 마가자에서 그 장대한 여정을 마칩니다.

　교구 설정 100주년을 맞은 1931년, 조선 주교단은 소 주교의 유해를 조선으로 모셔 와 서울 용산 성당 성직자 묘지에 모셨습니다. 소 주교가 조선과 조선 땅을 사랑해 그곳으로 떠난 지 120여 년, 세상을 떠난 지 96년 만에, 마침내 소 주교는 그토록 그리던 땅에 오게 된 것입니다. 파리외방전교회 선교사로 반세기 이상 우리 땅에 살았던 최세구 신부는 한 강좌에서 '조선을 120년간 짝사랑'하신 소 주교의 묘에 한 번이라도 가서 인사드리면 어떻겠느냐고 제안합니다.

마가자 교우들이 세운 묘비는 1960-1970년대 중국 문화대혁명이 일어나자 뽑히어 농산물 창고의 문 앞 섬돌이 되었다가 2006년 1월에 제자리에 돌아오게 되었습니다.

소 주교가 남긴 글 (『서한집』, 341쪽)

소 주교는 루르드 북쪽에 위치한 에르 교구 총대리 부스케 신부에게 보낸 답신(1835년 9월 28일 자)에서 하느님께서 허락하시면 조선에 들어가게 되리라는 믿음을 말합니다.

드디어 조선 교우들이 도착하면 (여전히 그들이 온다는 가정 아래) 저희는 시련과 고통의 강물이 흐르는 약속의 땅 조선으로 들어

가게 될 것입니다. 하느님께서 허락하시면 말입니다. … 저는 제 선교 임무가 하느님께로부터 나왔고 교황 성하께서 저를 직접 파견하셨다는 것을 확신하는 까닭에 오직 하느님만 믿습니다. 저는 강제로 도중에 도리 없이 체포되기 전까지는 제가 가야 하는 땅을 향해 하느님 섭리의 품에 몸을 묻고 머리를 숙이며 위험을 헤쳐 나갈 것입니다.

마음에 그려 보기

『여행기』에서도 편지에서도 "하느님 섭리의 품에 몸을 묻고 머리를 숙이며 위험을 헤쳐 나갈 것"이라고 한 소 주교의 마음 자세를 그려 봅시다. 그리고 조선 전교에 대한 소 주교의 인내와 사랑의 승리를 마음으로 느껴 봅시다.

말씀 읽기(신명 26,8-15)

하느님께서는 이스라엘이 이집트 종살이에서 벗어나 자유를 누리는 당신 백성이 되기를 원하셨듯이, 오늘의 우리에게도 죄의 종살이에서 벗어나 하느님을 알고 그분의 자유로운 자녀가 되도록 안배하셨습니다.

> 주님께서는… 저희를 이곳으로 데리고 오시어 저희에게 이 땅, 곧 젖과 꿀이 흐르는 땅을 주셨습니다. … 당신의 거룩한 처소 하늘에서 굽어보시어, 당신 백성 이스라엘에게 복을 내려 주시고, 당신께서 저희 조상들에게 말씀하신 대로, 저희에게 주신 땅, 젖과 꿀이 흐르는 이 땅에도 복을 내려 주십시오

주간 묵상

브뤼기에르 소 주교를 포함하여, 우리에게 신앙이라는 귀하고 놀라운 선물을 전해 준 모든 분들을 생각해 봅시다. 이 귀한 선물을 나는 누구와 나누며 누구에게 전해 주고 싶나요? 26주간의 묵상을 마치며 명동 대성당과 브뤼기에르 주교의 묘를 방문해 감사드리는 시간을 가져 보면 어떨까요?

브뤼기에르 주교 관련 국내 성지

QR코드를 촬영하면 성지 또는 성당의 홈페이지나 위치를 확인하실 수 있습니다.

명동 대성당
초대 조선 대목구장 브뤼기에르 주교의 유해가 도착한 곳

1882년 4월 22일 주교좌 성당으로 설정되어 1898년 5월 29일 축성된 한국 천주교회의 상징과도 같은 곳이다. 1835년 10월 20일 중국 내몽고의 마가자 교우촌에서 선종한 브뤼기에르 주교의 유해는 1931년 조선 대목구 설정 100주년을 맞이해 조선으로 봉송되어 1931년 9월 24일 오전 10시경 명동(경성) 대성당 주교관에 도착했다.

○ 서울특별시 중구 명동길 74(명동2가)
○ 02)774-1784

용산 성당 성직자 묘역
브뤼기에르 주교의 묘가 있는 곳

1887년 신학교 부지에 조성된 것으로 추정되는 성직자 묘역은 1890년 2월 21일 블랑 주교(제7대 교구장) 선종 후, 묘지를 꾸미면서 본격적으로 조성되었다. 명동 대성당 주교관에 모셔졌던 브뤼기에르 주교의 유해는 1931년 10월 15일 장엄 연미사 후 이곳으로 옮겨져 안장되었다.

○ 서울특별시 용산구 효창원로 15길 37(산천동)
○ 02)719-3301

맺는 글

앎을 삶으로,
브뤼기에르 주교 바로 살기

　지난해 12월 2일, 천주교 서울 대교구 시복시성위원회와 한국교회사연구소가 공동으로 주최한 「'하느님의 종' 바르톨로메오 브뤼기에르 소蘇 주교 시복 추진 제1차 심포지엄」에서 '브뤼기에르 소 주교의 생애와 조선 선교 배경'이라는 대주제로 소 주교님의 탄생부터 선교사 임명, 시암 대목구에서의 활동과 조선 선교지를 향한 여정, 그리고 선종과 그 이후에 그분의 유해가 용산 성직자 묘지에 옮겨 모셔질 때까지의 모든 과정을 살펴보았습니다.
　그러한 과정에서 그분의 생애가 결코 순탄하지 않았지

만, 연속된 고난 속에서도 줄곧 하느님의 은총과 선교 희망에 의지하면서 하나하나 문제를 풀어 가는 브뤼기에르 주교님의 신앙 여정을 발견할 수 있었습니다. 졸저拙著『브뤼기에르 주교 바로 알기』는 바로 그때의 연구를 바탕으로, 우리가 그분의 생애를 통해 선교의 모범을 배우는 데 초점을 맞추어 저술한 책이었습니다.

또한 지난 6월 29일에 있었던 제2차 심포지엄에서는 '브뤼기에르 소 주교의 덕행과 명성'을 다루었습니다. 증거자의 시복 시성 과정에는 '하느님의 종'에 대한 성덕聖德 곧 '영웅적인 덕'에 대한 검증 절차가 있습니다. 여기서는 교회의 전통적인 덕德인 향주삼덕向主三德 즉 신앙, 희망, 하느님 사랑과 이웃 사랑에 대한 증거와 네 가지 중심덕인 사추덕四樞德 즉 지혜, 정의, 절제, 용기에 대한 구체적인 행위에 대해서 검증합니다. 그 외에 복음삼덕인 청빈, 정결, 순명과 겸손 등의 사목적 덕행에 대해서도 살펴보고 배울 수 있었습니다.

저는 이번에 「역사와 고문서 전문가 위원회」에 참여하여

'하느님의 종' 브뤼기에르 주교님에 대한 시복 추진 과정을 함께하면서 많은 것을 느꼈습니다. 먼저 시복 과정에서는 '하느님의 종'에 대해서 그분의 생애와 그분이 남긴 자료에 대해 철저한 연구와 검증이 이루어짐을 알게 되었습니다. 짐작은 하고 있었지만 연구자들은 매우 지난한 과정을 거쳐서 '하느님의 종'이 남겨 준 메시지와 훌륭한 덕행을 밝히는 작업을 하게 됩니다. "성인 옆에 치명자가 난다."라는 말이 여기서 나온 것이 아닌가 할 정도였습니다. 그렇게 『브뤼기에르 주교 바로 알기』와 『브뤼기에르 주교 바로 살기』는 연구자들의 작업에 힘입은 바가 큽니다.

    교회가 '하느님의 종'을 선정하여 시복을 청원하는 이유는 그들의 뛰어난 신앙생활과 덕행을 모범으로 삼아 우리가 배우고 실천하기 위해서입니다. 그런 점에서 『브뤼기에르 주교 바로 알기』와 『브뤼기에르 주교 바로 살기』는 '하느님의 종'에 대해 배우고 그 삶을 실천하는 데 가장 좋은 자료가 될 것입니다.

브뤼기에르 주교님의 시복 추진을 통해서 그분께 배우는 것은 너무나 분명합니다. 그분은 복음 선교를 위해서 온 마음으로 선교지에 당신을 봉헌하셨습니다. 그것은 조선 교우들에게서 천주에 대한 열망과 신앙에 대한 열의를 보았기 때문입니다. 소 주교님은 천주天主를 참된 세상의 주인으로 알아보고, 이 세상의 '임자'로 알아보았던 조선 교우들에게 참된 하느님의 복음을 전하고 싶었습니다. 그것이 지금 바로 실현되지 않더라도 한 발 한 발 더 앞으로 나아간다면, 얼마 후에, 지금 당장은 아니더라도 후대에는 이 땅이 반드시 복음화될 것이라는 확신을 갖고 나아가셨습니다. 오늘날 우리도 브뤼기에르 주교님을 바로 알고 바로 살아, 그분이 우리에게 전하고 싶으셨던 복음을 삶에서 실천해 보면 어떨까요?

- 한국교회사연구소장 **조한건** 신부

하느님의 종 브뤼기에르 초대 조선 교구장
시복 시성 기도문

모든 성인들의 덕행으로 찬미와 영광 받으시는 주님!
주님께서는 성교회로 하여금
예수 그리스도의 신앙을 증거하기 위하여
생명을 바친 성인성녀들을 공경하여 그 표양을 본받게 하셨나이다.
조선 선교를 자청한 뒤 온갖 고난과 질병을 극복하면서
오로지 조선에 들어가 선교하겠다는 굳은 신념으로
온 삶을 봉헌한 브뤼기에르 주교의 공로에 의지하여 청하오니
저희들이 거룩한 순교정신을 본받아
신망애 향주삼덕에 뿌리를 박고
어떠한 어려움 속에서도 꿋꿋이 살아가도록 도와주소서.

브뤼기에르 주교의 공로로 저희를 이 세상에서 보호하시며
저희의 마음속 지향을 들어 허락하심으로써
(잠시 침묵 중에 기도의 지향을 아뢴다)
당신 권능을 드러내시고 저희가 희망하는 대로
하느님의 종 브뤼기에르 주교가 복자와 성인들 대열에 들게 하소서.
우리 주 예수 그리스도를 통하여 비나이다. 아멘.

○ 순교자들의 모후이신 성모 마리아님
◎ 저희를 위하여 빌어 주소서.

○ 한국의 순교자들이여
◎ 저희를 위하여 빌어 주소서.

서울 대교구장 정진석 추기경 인준(2008.07.01.)
서울 대교구장 정순택 대주교 수정 승인(2023.03.23.)